Wagner-Chronik

Daten zu Leben und Werk
zusammengestellt von
Martin Gregor-Dellin

Deutscher
Taschenbuch
Verlag

Bärenreiter
Verlag

Januar 1983
Gemeinschaftliche Ausgabe:
Deutscher Taschenbuch Verlag GmbH & Co. KG,
München und
Bärenreiter-Verlag Karl Vötterle GmbH & Co. KG,
Kassel · Basel · London
2., durchgesehene Auflage

Umschlaggestaltung: Celestino Piatti
Gesamtherstellung: C. H. Beck'sche Buchdruckerei,
Nördlingen
Printed in Germany · ISBN 3-423-03251-0 (dtv)
ISBN 3-7618-3251-6 (Bärenreiter)

Das Buch

Kein Komponist des vergangenen Jahrhunderts hat so nachhaltig auf die Entwicklung der Musik gewirkt, keiner ist so stark von seinem Jahrhundert geprägt wie Richard Wagner. Aber weder die kritischen noch die hagiographischen Darstellungen seines Lebens geben zuverlässige Auskunft, geschweige denn seine eigene, und auch die Fachliteratur ist nicht frei von Verzeichnungen und Irrtümern. Spekulationen, Ressentiments, Legenden und falsche Darstellungen verstellen das Bild.
Demgegenüber will diese Chronik nicht mehr und nicht weniger als eine solide Datensammlung sein, erarbeitet aus allen heute verfügbaren Quellen und der Literatur; sie ist ein zuverlässiges Auskunfts- und Hilfsmittel für Lektüre und Studium und zugleich eine durch viele Zitate belebte Biographie im Telegrammstil.

Der Autor

Martin Gregor-Dellin, geboren 1926 in Naumburg a. d. Saale, musizierte und komponierte in seiner Jugend und arbeitet heute als Schriftsteller und Kritiker. Er schrieb Romane, Erzählungen und literarische Essays, ist Mitherausgeber der Tagebücher Cosima Wagners und veröffentlichte 1980 die große Biographie »Richard Wagner. Sein Leben, sein Werk, sein Jahrhundert«.

Inhalt

Vorbemerkung

Wagners Kompositionstechnik setzt sich gewöhnlich aus drei Vorgängen zusammen, die in der Chronik getrennt ausgewiesen werden: »Kompositionsskizze« bezeichnet den musikalischen Entwurf, der bereits alle wesentlichen Themen und Motive enthält; »Orchesterskizze« ist die Gliederung des thematischen Materials, seine Verteilung auf Stimmen in einem größeren Notenliniensystem; »Partitur« bedeutet vollständige Instrumentierung. Römische Zahlen, I, II, III usw., werden im Text grundsätzlich nur für Akte verwendet. Die benutzten Abkürzungen für Niederschriften, Briefe und Tagebücher Richard und Cosima Wagners werden in folgendem Verzeichnis erläutert; die nachgestellten Nummern verweisen auf die Bibliographie am Ende des Bandes und bedeuten, daß die Texte in den jeweiligen Ausgaben enthalten oder zitiert sind.

AN = Annalen (2, 14, 57, 89, 175)
AS = Autobiographische Skizze (3, 6,8)
BB = Braunes Buch (1)
MF = Eine Mitteilung an meine Freunde (3,5,6)
ML = Mein Leben (2)
RB = Rote Brieftasche (8)
SB = Sämtliche Briefe (8)
TC = Tagebücher Cosimas (89, 136, 175, 181)

Kindheit und Jugend (1813–1831)

1813

22. Mai: Wilhelm Richard Wagner in Leipzig »auf dem Brühl im ›rot und weißen Löwen‹, zwei Treppen hoch, geboren« (ML). Mutter: Johanna Rosine, geboren 19. 9. 1774, Tochter des Bäckermeisters Pätz aus Weißenfels, Mariengasse, genealogisch verunsichert durch die Legende »vornehmer Geburt«, da ein hoher Gönner, vermutlich Prinz Konstantin von Sachsen-Weimar, das schauspielerisch begabte Mädchen in einem Leipziger Institut erziehen ließ. Vater: Friedrich Wagner, geboren 18. 6. 1770, Jurist und Polizeiaktuar, Laienschauspieler, ein nach E. T. A. Hoffmann, der ihn im Juni 1813 in Leipzig kennenlernt, »exotischer Mensch«. Wagners Vorfahren väterlicherseits: Steuereinnehmer, Schulmeister und Kantoren. Wagners Geschwister: Albert (1799–1874), Sänger und Regisseur; Rosalie (1803–1837), Schauspielerin, erstes Leipziger Gretchen in Goethes »Faust« 1828, heiratet den Dozenten Dr. Oswald Marbach; Julius (1804–1862), Goldschmied; Luise (1805–1871), Schauspielerin, heiratet den Verleger Friedrich Brockhaus; Klara (1807–1875), heiratet den Sänger Heinrich Wolfram; Ottilie (1811–1883), heiratet den Philologen Prof. Dr. Hermann Brockhaus.

4. Juni: In den Kriegswirren verläßt die Familie die Stadt und hält sich in Stötteritz auf.

zwischen 21. Juli und 10. August: Johanna Wagner begibt sich, vermutlich mit Richard, nach Teplitz zur Kur. Ludwig Geyer, ein langjähriger Freund der Familie, tritt am Teplitzer Theater auf. Goethe in Teplitz.

16. August: Richard wird in der Leipziger Thomaskirche getauft.

26.–27. August: Napoleons letztes siegreiches Gefecht bei Dresden.

10. Oktober: Giuseppe Verdi in Roncole geboren.

16.–19. Oktober: Napoleons Niederlage gegen die Verbündeten in der »Völkerschlacht« bei Leipzig.

23. November: Wagners Vater stirbt an dem epidemisch gewordenen Typhus. Ludwig Geyer, geboren 21. 1. 1778, Schauspieler, Porträtmaler und Dichter, mit dem Lustspiel

»Der Bethlehemitische Kindermord« erfolgreich und auch von Goethe anerkannt, nimmt sich der Familie an. Die Behauptung, Ludwig Geyer sei Richard Wagners leiblicher Vater gewesen, ist durch nichts zu belegen. Von Cosima befragt, antwortet Richard Wagner 1878: »Das glaube ich nicht – meine Mutter hat ihn geliebt – Wahlverwandtschaften« (TC). Dennoch lebenslange Vater-Irritation, die sich mit Siegfrieds Frage: »Wie sah mein Vater wohl aus?« und dem Rätseln, »wer und woher« jemand sei, durch das gesamte, an Waisen, Halbwaisen und unterschobenen Kindern reiche musikdramatische Oeuvre Wagners zieht.
24. November: Jean Paul schreibt in Bayreuth die Worte nieder, »daß wir noch bis diesen Augenblick auf den Mann harren, der eine echte Oper zugleich dichtet und setzt ...«

– Hedley baut die erste brauchbare Lokomotive.

1814

28. August: Ludwig Geyer heiratet Wagners Mutter in Pötewitz bei Zeitz, anschließend Übersiedlung der Familie nach Dresden, wo Geyer am Hoftheater wirkt.

1815

26. Februar: Cäcilie Geyer, Halbschwester Wagners, geboren. Heiratet 1840 den Verlagsbuchhändler Eduard Avenarius.

– Wiener Kongreß. »Heilige Allianz«. Deutscher Bund.

1816

– Carl Maria von Weber nach Dresden berufen.

1817

18. Januar: Carl Maria von Weber tritt sein Amt als Operndirektor in Dresden an.
Sommer: Weber verkehrt häufig im Hause Geyers.
Herbst: Der kaum fünfjährige Richard tritt in einem lebenden Bild als Engel auf. Er besucht die Schule des Vicehofkantors Carl Friedrich Schmidt.
18. Oktober: Burschenschaftsfest auf der Wartburg.

1818

5. Mai: Karl Marx in Trier geboren.

– Geyers Versuche, Richard im Malen auszubilden, scheitern an dessen Ungeschick.

1819

23. März: Der Jenaer Theologiestudent Karl Ludwig Sand ermordet den Dichter August von Kotzebue in Mannheim.

– Arthur Schopenhauers Hauptwerk »Die Welt als Wille und Vorstellung« erscheint. Es beeinflußt in der zweiten Jahrhunderthälfte sowohl Wagner als auch Nietzsche.

1820

Herbst: Richard wird in die Obhut des Pastors Wetzel in Possendorf bei Dresden gegeben und empfängt dort erste Eindrücke durch Wetzels Vorlesungen aus einer Lebensbeschreibung Mozarts, dem »Robinson Crusoe« und Berichten über den griechischen Freiheitskampf. Von der »begeisterten und schmerzlichen Teilnahme« (ML) wird seine spätere Griechenland-Liebe geweckt.

– In Oedenburg konzertiert der neunjährige Franz Liszt zum erstenmal.

1821

18. Juni: Erfolgreiche »Freischütz«-Uraufführung in Berlin. Die Jungfernkranz-Welle erreicht den achtjährigen Richard binnen eines Jahres.
28. September: Mit einem Boten drei Stunden zu Fuß nach Dresden zur Familie.
29. September: Richard spielt dem sterbenden Vater im Nachbarzimmer auf dem Klavier vor.
30. September: Ludwig Geyer stirbt. Richard zu Fuß zurück nach Possendorf.
Mitte Oktober: Geyers jüngerer Bruder, Goldschmied in Eisleben, bei dem auch Richards Bruder Julius Goldschmied lernt, nimmt Richard zu sich. Er besucht eine Privatschule.
11. November: Feodor M. Dostojewskij in Moskau geboren.

– Fürst Metternich österreichischer Staatskanzler.

1822

Sommer: Richard verbringt einige Tage bei dem Onkel Adolf Wagner (1774–1835) in Leipzig. Der Theologe, Übersetzer und Privatgelehrte übt auf den Knaben einen großen Einfluß aus. Richard kehrt nach Dresden zurück.
2. Dezember: Unter dem Namen Geyer wird Richard in die Matrikel der Dresdner Kreuzschule eingetragen.

1823

25. Oktober: Webers »Euryanthe« in Wien uraufgeführt.

– Der zehnjährige Richard beginnt sich mit griechischer und römischer Mythologie zu beschäftigen. Sein Klavierspiel macht keine Fortschritte.

1824

7. Mai: Uraufführung von Beethovens 9. Symphonie und Teilen der Missa solemnis im Wiener Kärtnertortheater.
4. September: Anton Bruckner in Ansfelden geboren.

1825

14. November: Jean Paul stirbt in Bayreuth.

– Richard inszeniert mit Schulfreunden zu Haus Aufführungen des »Freischütz« aus dem Gedächtnis.

1826

Frühjahr: Richard fühlt sich zum Dichter berufen. Er verfaßt eine Rittertragödie und verbrennt sie aus Wut über das Gelächter der Schwestern. Liebling von Magister Sillig in der Kreuzschule, übersetzt er Gesänge der Odyssee und schreibt ein episches Gedicht »Schlacht am Parnassos« nach Pausanias.
5. Juni: Carl Maria von Weber stirbt in London, nach der Uraufführung von »Oberon« (12. April), deren Proben er überwacht hat.
Dezember: Rosalie, Miternährerin der Familie, erhält ein Engagement in Prag. Wagners Mutter und Schwestern folgen ihr. Richard bleibt in Dresden bei der Familie Dr. Böhme zurück.

1827

Winter: Acht Tage in Prag, »in großer Kälte volle drei Tage unterwegs« (ML). Richard liest die Schriften E. T. A. Hoffmanns und faßt den Plan einer Tragödie »Leubald und Adelaide«, die ihn mehr als ein Jahr beschäftigt.
26. März: Ludwig van Beethoven stirbt in Wien.
8. April: Konfirmation Richards in der Dresdner Kreuzkirche.

Frühjahr: Fußwanderung mit Rudolf Böhme nach Prag.
Sommer: Reise nach Leipzig, Richard beobachtet die studentischen Sitten.
Weihnachten: Richard siedelt zu der inzwischen nach Leipzig zurückgekehrten Familie über und heißt nun wieder Wagner. Als Wohnung gibt er »im Pichhof vor'm hallischen Tore 1 Treppe« an (SB).

1828

21. Januar: Richard Wagner tritt ins Nikolai-Gymnasium ein und wird nach Obertertia zurückversetzt.
20. März: Henrik Ibsen in Skien/Norwegen geboren.
ab Frühjahr: Einfluß der Gewandhauskonzerte (Beethoven) und der Bibliothek Adolf Wagners auf Richard. Lektüre: Ludwig Tieck, Schlegels »Lucinde« und die Tannhäuser-Sage. Richard beendet das in Dresden begonnene Trauerspiel »Leubald und Adelaide«, mit über vierzig Toten, die im letzten Akt als Geister wiedererscheinen. »Shakespeare aber blieb mein Vorbild« (AS). Um das Trauerspiel vertonen zu können, studiert Wagner die Kompositionslehre Johann Bernhard Logiers. Durch das Anwachsen der Ausleihgebüren macht er erstmalig Schulden.
9. September: Leo N. Tolstoi in Jasnaja Poljana geboren.
Herbst: Wagner nimmt bis Mitte nächsten Jahres heimlich Unterricht in Harmonielehre bei dem Gewandhausmitglied Gottlieb Müller.
19. November: Franz Schubert stirbt in Wien.

– Heinrich Marschners Oper »Der Vampyr« in Leipzig uraufgeführt. Einfluß auf die Grundstimmung von Wagners romantischer Ballade »Der fliegende Holländer«.

1829

12. Januar: Friedrich Schlegel (erotischer Roman »Lucinde« 1799) stirbt in Dresden, wo er im Dezember und noch im Januar philosophische Vorlesungen gehalten hat.
11. und 21. März: Der zwanzigjährige Felix Mendelssohn-

Bartholdy leitet in Berlin durch zwei Aufführungen der »Matthäus-Passion« (mit Hilfe Zelters, Eduard Devrients und der Berliner Singakademie) die große europäische Bach-Renaissance ein. Unter den Zuhörern: Hegel.
April: Wagner erlebt Wilhelmine Schröder-Devrient als Fidelio und trägt ihr einen begeisterten Brief ins Hotel. Er beschließt, Musiker zu werden.
Sommer: Wagner allein in Leipzig. »Lasse Alles liegen, treibe nur Musik ohne Unterricht« (RB).
ab Jahresmitte: Erste Kompositionen. Sonate in d-moll, Quartett in D-dur, Sonate in f-moll. Reise nach Magdeburg zur Schwester Klara Wolfram, wo er von der Mozart-Begeisterung des Musikdirektors Kienlen beeindruckt wird.

– Rossini: »Wilhelm Tell«.

1830

Ostern: Wagner verläßt die Nikolai-Schule.
Frühjahr: Wagner verdient sich ein Taschengeld durch Korrektur-Arbeiten für den Schwager Friedrich Brockhaus an zwei Bänden der Weltgeschichte: Mittelalter und Französische Revolution. Erste politische Lektüre.
16. Juni: Anmeldung in der Thomasschule.
Juli: Revolution in Frankreich. Aufstände in Polen. »Die geschichtliche Welt begann für mich von diesem Tage an; und natürlich nahm ich volle Partei für die Revolution« (ML).
Sommer: Kurze Zeit Violin-Unterricht.
6. Oktober: Wagner bietet einen Klavierauszug der 9. Symphonie Beethovens dem Verlag Schott an. (Erster erhaltener Brief Richard Wagners, SB I.)
Oktober: In Leipzig kommt es zu revolutionären Demonstrationen. Wagner schließt sich den Studenten an, verteidigt dann aber die Maschinen seines Schwagers, des Verlegers Brockhaus, gegen die aufbegehrenden Arbeiter.
Mitte Oktober: Robert Schumann nimmt bei Wieck in Leipzig ein Zimmer und begegnet dem jungen Wagner.
Ende Oktober: Ein musikalisches Hirtenspiel wird angefangen und wieder aufgegeben. Wagner vollendet eine Ouver-

türe in B-dur, bei der nach jedem vierten Takt ein fünfter als Paukenschlag eingeschaltet ist.
24. Dezember: Aufführung der Ouvertüre in B-dur im Leipziger Theater in Gegenwart Richards und Ottilies. Das Publikum ist zunächst verblüfft, macht sich dann gegenseitig auf den zu erwartenden Paukenschlag aufmerksam und bricht schließlich in Heiterkeit aus.

– Ouvertüre zur »Braut von Messina«, Ouvertüre in C-dur. Hector Berlioz: »Symphonie Fantastique«.

1831

23. Februar: Obwohl ohne Schul-Abschluß, läßt sich Wagner als Student der Musik immatrikulieren.
1. April: Heinrich Heine geht endgültig nach Paris.
Mai: Die Erfolge der polnischen Freiheitskämpfer gegen russische Truppen versetzen Richard Wagner in »Erstaunen und Ekstase« (ML).
Sommer: Wagner verlottert in studentischen Sitten, kneipt bei der »Saxonia« und verfällt dem Kartenspiel.
22. Juli: Goethe beendet die Arbeit am »Faust«.
August: Wagner verspielt die Rente seiner Mutter, gewinnt mit dem letzten Taler alles zurück und rührt fortan keine Karte mehr an.
16. August: Breitkopf & Härtel lehnen den von Wagner angebotenen Klavierauszug der Haydn-Symphonie Nr. 103 in Es-dur mit dem Paukenwirbel ab.
Spätsommer: Richard Wagner wird Schüler von Theodor Weinlig, Kantor an der Thomasschule. »Weinlig hatte gar keine besondere ›Methode‹, aber er war ein klarer Kopf und griff die Sache praktisch an. In Wahrheit läßt sich das Komponieren nicht lehren« (ML). Weinligs Unterricht ist denkbar gründlich.
8. September: Ende des polnischen Aufstands. Fliehende Freiheitskämpfer ziehen durch Leipzig, Wagner oft in ihrer Gesellschaft.
26. September: Wagner beginnt eine Konzertouvertüre in d-moll und macht Fortschritte im Unterricht bei Weinlig.
14. November: Hegel stirbt in Berlin als Opfer einer in

Europa wütenden Cholera-Epidemie, vor der Schopenhauer nach Frankfurt am Main flüchtet.
27. November: Urschrift einer »Fantasia« für Klavier in fis-moll.
8. Dezember: Schott schickt Wagners Beethoven-Bearbeitung zurück.
Dezember: Die unter Weinligs Aufsicht am 4. November noch einmal überarbeitete Konzertouvertüre in d-moll wird im Theater aufgeführt.

– Sieben Kompositionen zu Goethes »Faust«, später wieder aufgenommen und bearbeitet. Sonate für Klavier zu vier Händen in B-dur. Klaviersonate in B-dur.

Lehr- und Wanderjahre (1832–1842)

1832

bis Februar: Der Verlag Breitkopf & Härtel druckt als erste Arbeit Wagners die Sonate in B-dur auf Weinligs Veranlassung. Es entstehen eine Sonate in A-dur, eine Ouvertüre in e-moll und eine an Beethoven geschulte Ouvertüre zu Raupachs »König Enzio«, die u. a. am 16. März im Leipziger Gewandhaus gespielt wird.
23. Februar: Die Konzertouvertüre in d-moll gefällt im Leipziger Gewandhauskonzert. Danach wachsendes Selbstgefühl und eine Art Lebensplan: »Komme aus der Lehre« (RB).
17. März: Wagner beendet die Konzertouvertüre in C-dur, deren Schluß mehr zu Mozart hin tendiert.
22. März: Goethe stirbt in Weimar.
30. April: Die Konzertouvertüre in C-dur wird im Gewandhaus freundlich aufgenommen. Wagner geht nun an eine viersätzige Symphonie in C-dur heran, die sein Gesellenstück werden soll.
27. Mai: Hambacher Fest der liberal gesinnten, demokratisch-nationalen Bewegung, danach verstärkte »Demagogenverfolgung«.
Frühsommer: In sechs Wochen ist die Symphonie in C-dur komponiert, auch diese noch ohne eigenen Stil.

Spätsommer: Vier Wochen in Wien. »Was ich dort hörte und sah, hat mich wenig erbaut« (AS). Statt Beethoven spielt man Hérolds »Zampa«. Anschließend fünf Wochen auf Schloß Pravonin bei Prag. Wagner verliebt sich in eine natürliche Tochter des Grafen Pachta und komponiert das Lied »Abendglocken« seines Schulfreunds Theodor Apel, Sohn von Johann August Apel, aus dessen »Gespensterbuch« der »Freischütz«-Stoff stammt.
November: Im Prager Konservatorium wird die Symphonie in C-dur uraufgeführt. Unter E. T. A. Hoffmanns Einfluß, nach einem Stoff aus Büschings »Ritterzeit und Ritterwesen«, wendet sich Wagner einem ersten Opernplan zu und schreibt das Textbuch zu »Die Hochzeit«, einem „Nachtstück von schwärzester Farbe« (ML).
ab 5. Dezember: Nach Leipzig zurückgekehrt, komponiert Wagner die ersten Nummern der »Hochzeit«, die jedoch wegen ihrer Schauerromantik auf den beißenden Spott seiner Lieblingsschwester Rosalie stoßen. Daraufhin vernichtet er die Entwürfe. Die Partitur der ersten Szene bleibt erhalten.

1833

Anfang Januar: Heinrich Laube wird Redakteur der in Leipzig erscheinenden »Zeitung für die elegante Welt« und macht sie zu einem führenden Organ des »Jungen Deutschland«. Laube wird bei Wagners herzlich aufgenommen. Jungdeutsche Sinnen- und Diesseits-Lust bestimmen Wagners erste Bühnenwerke. Von Rosalie angespornt, schreibt Wagner die Dichtung seiner ersten durchgeführten und vollständig erhaltenen Oper »Die Feen« nieder, nach Gozzis »La donna serpente«. Erstmals die Themen: Zusammenstoß zwischen Geister- und Menschenwelt, Erlösung durch Liebe.
10. Januar: Aufführung der Symphonie in C-dur im Leipziger Gewandhaus, kurz darauf reist Wagner nach Würzburg zu seinem Bruder Albert. Wagner nimmt die schlecht bezahlte Stellung als Chordirektor beim Würzburger Theater an.
20. Februar: Wagner beginnt mit der Komposition seiner Oper »Die Feen« und schreibt die Orchesterskizze I. Akt.
Frühjahr: Wagner studiert Meyerbeers »Robert der Teufel« und Marschners »Der Vampyr« am Würzburger Theater ein.

7. Mai: Johannes Brahms in Hamburg geboren.
24. Mai: Wagner beendet die Orchesterskizze zu »Die Feen« I.
6. August: Partitur des I. Akts »Die Feen« beendet. Wagner lebt während der Theaterferien von einem Taschengeld, das ihm Rosalie zahlt.
23. September: Partitur einer selbstverfaßten Tenorarie für Marschners Oper »Der Vampyr« beendet.
Herbst: Marschners »Hans Heiling« wird in Würzburg aufgeführt. Wagner zeigt sich enttäuscht von Melodik und Aufbau. »Was sind das für Aktschlüsse!« (an Rosalie, SB).
Dezember: Wagner beendet die Partitur des II. Akts der Oper »Die Feen«, die Orchesterskizze des III. Akts und die Ouvertüre. Einige Partien der Oper werden in einem Konzert gespielt.

1834

6. Januar: Die gesamte Partitur der Oper »Die Feen« ist abgeschlossen. Vieles in dem unter Webers und Marschners Einfluß stehenden Werk weist bereits auf spätere Musikdramen Wagners voraus, freilich noch unterhalb der für ihn spezifischen Tonsprache. Eine für 1834 in Aussicht gestellte Leipziger Aufführung kommt nicht zustande. Uraufführung erst 1888 unter Hermann Levi in München.
21. Januar: Wagner kehrt nach einem Besuch seiner Schwester Klara in Nürnberg nach Leipzig zurück.
März: An den Regisseur Franz Hauser, mitverantwortlich für die Ablehnung der „Feen« in Leipzig: »Ihnen gefällt meine ganze Richtung nicht« (SB). Wagner liest Wilhelm Heinses »Ardinghello« und Heinrich Laubes »Das junge Europa«.
3. April: Die erste Nummer der von Robert Schumann gegründeten »Neuen Zeitschrift für Musik« erscheint in Leipzig.
10. Juni: In der »Zeitung für die elegante Welt« erscheint Wagners Aufsatz »Die deutsche Oper«. Der Gedanke, „das wahre, warme Leben« zu packen und europäisch-universell zu schaffen, deutet auf den Einfluß der Lektüre Laubes hin.

Mitte Juni: Mit Theodor Apel zweiwöchige Böhmerreise nach Teplitz. Auch Prag und Karlsbad werden berührt. Auf der Schlackenburg bei Teplitz entsteht der Prosaentwurf für die Oper »Das Liebesverbot« nach Shakespeares »Maß für Maß«, unter dem Einfluß jungdeutscher Ideen gegen die Scheinmoral gerichtet. Verherrlichung der »freien Sinnlichkeit«.

Juli: Georg Büchner verfaßt mit dem »Hessischen Landboten« die erste sozialistische Flugschrift: „Friede den Hütten, Kampf den Palästen«.

Ende Juli: Auf Einladung der Bethmannschen Schauspieltruppe in Magdeburg übernimmt Wagner das Amt des Musikdirektors für die Sommersaison in Bad Lauchstädt. Er hat mehrere Liebschaften und lernt die Schauspielerin Minna Planer (geboren am 5. 9. 1809) näher kennen. Die bei ihr lebende, zeitlebens als jüngere Schwester ausgegebene Natalie ist die uneheliche Tochter Minnas und eines Herrn von Einsiedel.

4.–29. August: Arbeit an der Kompositionsskizze des 1. Satzes einer E-dur-Symphonie, die Fragment bleibt.

12. August: Wagner begibt sich über Weimar, wo er sich nach dem Haus Goethes »mit Neugier aber ohne Ergriffenheit« (ML) umsieht, zu Gastvorstellungen der Truppe nach Rudolstadt und beginnt dort mit der Dichtung des »Liebesverbots«.

10. Oktober: Wagner nimmt seine Tätigkeit als Musikdirektor in Magdeburg auf.

November: Wagner erkrankt an Gesichtsrose, Minna Planer pflegt ihn. »Ein sieches Dahinschleppen, – ohnmächtiges Ringen mich meiner Tatkraft zu entäußern, – an eine jämmerliche Existenz gekettet« (SB).

Ende Dezember: Komposition eines Festspiels »Beim Antritt des neuen Jahres«.

1835

Januar: Partitur der »Columbus«-Ouvertüre zu einem Schauspiel Theodor Apels, das im Februar durchfällt. Mit Minna verlobt.

23. Januar: Wagner beginnt mit der Orchesterskizze zum I. Akt der Oper „Das Liebesverbot«.

5. Mai: »Schulden« (RB). In Magdeburg läuft das Ensemble auseinander. Wagner begibt sich daraufhin nach Leipzig, wo Felix Mendelssohn-Bartholdy die Leitung der Gewandhauskonzerte übernommen hat. Auf die Einsendung von Wagners C-dur-Symphonie antwortet Mendelssohn nicht.
Juni: Reisen nach Magdeburg, nach Dessau zum Musikfest, nach Dresden zu Minna Planer und nach Bad Kösen, wo sich Laube von einer mehrmonatigen Haft erholt.
25. Juli: Von Teplitz und Prag kommend, hält sich Wagner in Karlsbad auf und reist in den nächsten drei Tagen über Eger nach Süddeutschland, wo er neue Sänger zu engagieren hofft. Dabei kommt er zum erstenmal durch Bayreuth. In Nürnberg prägt sich ihm eine nächtliche Straßenschlägerei als Vorbild seiner »Meistersinger«-Prügelszene unvergeßlich ein.
ab Mitte August: Über Würzburg reist Wagner nach Frankfurt am Main und beginnt dort mit autobiographischen Notizen für die sogenannte »Rote Brieftasche«.
1. September: Wieder in Magdeburg. Er studiert Spohrs Oper »Jessonda« ein.
November: Als Minna vorübergehend die Truppe verläßt, schreibt ihr Wagner verzweifelte und leidenschaftliche Bittbriefe, doch zu ihm zurückzukehren.
7. Dezember: Eröffnung der ersten Dampfeisenbahn in Deutschland zwischen Nürnberg und Fürth.
30. Dezember: Orchesterskizze »Das Liebesverbot« fertiggestellt. Wagner arbeitet fieberhaft an der Oper, um mit ihr die Schulden wieder einzuspielen.

– Jacob Grimms »Deutsche Mythologie« erscheint. Donizetti: »Lucia di Lammermoor«. Morse-Telegraph.

1836

Januar: »Das Liebesverbot« abgeschlossen. Die Oper, effektvoller als »Die Feen«, bedeutet einen Rückschritt zum italienisch-französischen Opernstil, so daß Wagner schon nach wenigen Jahren das Interesse an dem »leichtsinnigen Jugendwerk« (ML) verliert.
29. März: Uraufführung des in zehn Tagen einstudierten

»Liebesverbots«, wegen Beanstandung durch die Behörden angekündigt als »Die Novize von Palermo«. Zwei Tage später kann eine nochmalige Aufführung wegen einer Schlägerei des Theaterpersonals nicht stattfinden. Die Truppe löst sich wegen Zahlungsunfähigkeit auf.
19. April: Erster Artikel »Über Magdeburg« für Schumanns »Neue Zeitschrift für Musik«. Im Begleitbrief schreibt Wagner: »Hier gibt es lauter Scheiskerle! Adieu, liebster Schumann!« (SB)
ab 18. Mai: Am Tag vor der Abreise von Magdeburg grausame Hinrichtung eines Delinquenten »durch das Rad von unten« (ML). Die ihm überbrachten Schilderungen sind Wagners letzte Eindrücke von Magdeburg. In Berlin Verhandlungen über eine Aufführung des »Liebesverbots« und Aussicht auf eine Anstellung in Königsberg. Anzeichen von Minnas Verhältnis mit einem jüdischen Kaufmann in Königsberg. Theodor Apel in Leipzig durch einen Unfall erblindet; dadurch wird der Kontakt für Jahre unterbrochen.
zwischen 19. Mai und 6. Juli: Komposition der »Polonia«-Ouvertüre, in der die Begeisterung für den polnischen Freiheitskampf der Jahre 1830/31 nachklingt.
7. Juli: Von Berlin nach Königsberg. Wagner hofft auf Freiwerden der versprochenen Stelle. »Ungewisse Lage« (RB).
8. August: Wagner begibt sich nach Memel, wo das Königsberger Theater gastiert. Noch immer ohne Beschäftigung.
23. September: Maria Malibran, eine der größten dramatischen Sängerinnen der Zeit (bedeutender Stimmumfang), stirbt im Alter von 28 Jahren nach einer triumphalen Karriere in Manchester.
Herbst: Prosaentwurf »Die hohe Braut« nach dem Roman von Heinrich König, später an Eugène Scribe nach Paris geschickt.
1. Oktober: Richard Wagner kehrt nach Königsberg zurück.
24. November: Wagner wird in der Tragheimer Kirche von Königsberg mit Minna Planer getraut.

– Giacomo Meyerbeer: »Die Hugenotten«. Moritz von Schwind: Entwürfe für Wandgemälde in Schloß Hohenschwangau und München (1833–1836).

19. Februar: Georg Büchner stirbt in Zürich.
15. März: Wagner beendet die Komposition der Ouvertüre »Rule Britannia«, mit der er dem bürgerlichen England als Gegenspieler der Heiligen Allianz huldigt.
1. April: Wagner erhält endlich die freigewordene Stelle als Musikdirektor am Königsberger Theater, kurz bevor sich wegen Bankrotts der Direktion abermals alles in Auflösung befindet. Die in Erwartung von Einkünften entstandenen Schulden Wagners können nicht beglichen werden.
Frühjahr: Entwürfe zu einem Singspiel »Die lustige Bärenfamilie« nach 1001 Nacht. Wagner beklagt Minnas Launen und Auftritte.
31. Mai: Minna verläßt mit einem Kaufmann Dietrich heimlich Königsberg. Erste Ehekrise.
3. Juni: Wagner reist Minna nach Dresden nach, sie zeigt sich jedoch nicht zur Rückkehr bereit. Er erwägt eine Scheidung.
15. Juni: Wagner begibt sich von Dresden nach Berlin und schließt mit Karl von Holtei einen Anstellungsvertrag für das Theater in Riga ab. Er faßt neue Hoffnung, durch eine bürgerliche Existenz seine Ehe retten zu können.
ab 23. Juni: In Blasewitz. »Während der kümmerlichen Tage meines letzten Zusammenseins mit Minna in Blasewitz hatte ich den Bulwerschen Roman von Cola Rienzi gelesen« (ML). Wagner denkt an eine neue Oper.
15. Juli: Minna zieht von Blasewitz nach Dresden zu ihren Eltern.
21. Juli: »Minna ohne Abschied fort« (RB) – mit Dietrich.
Ende Juli: Wagner schreibt den Prosaentwurf zu »Rienzi«.
25. Juli: Wagner reist von Dresden über Berlin und Schwerin nach Lübeck, erste Seereise, wegen ungünstigen Windes in Travemünde am 4. August unterbrochen, von dort ab 12. August nach Riga.
21. August: Ankunft in Riga. Wagner ist vor den Nachstellungen seiner Gläubiger aus Magdeburg und Königsberg sicher. Das Theater findet er zunächst zufriedenstellend, später stoßen seine künstlerischen Anstrengungen auf Unverständnis und Widerstand. »Als Dirigent leistete Wagner schon in Riga Beachtenswertes«, urteilt Heinrich Dorn, Mu-

sikdirektor, zeitweilig Widersacher Wagners in Riga und dessen Nachfolger.
bis September: Arbeit an einer Einlagearie für K. L. Blums »Marie, Max und Michel«. Wagner erhält Minnas Entschuldigungsbrief.
19. Oktober: »Vergebung« (RB). Minna kehrt mit ihrer Schwester Amalie nach Riga zurück und verzichtet für immer auf ihre Bühnenlaufbahn. Die Nachricht vom Tod seiner Lieblingsschwester Rosalie (am 12. Oktober) trifft Wagner »wie ein tief bedeutungsvoller Schicksalsschlag« (ML).
24. Dezember: Cosima, Tochter Liszts und der Gräfin d'Agoult, in Como geboren.

– Lortzing: »Zar und Zimmermann«. Daguerre und Talbot schaffen die Grundlagen der Photographie.

1838

Frühjahr: Umzug aus der engen Stadtwohnung in die Petersburger Vorstadt. »Gänzlich auf mich allein angewiesen, blieb ich allen fremd« (ML). Einstudierung von Méhuls »Joseph in Ägypten« und Bellinis »Norma«.
Frühsommer: Durch die 1821 aufgezeichnete, 1830 erschienene Geschichte vom »Gespensterschiff« wird Wagner erstmals auf den Holländer-Stoff aufmerksam. Zugleich beginnt er mit der Niederschrift des Textbuches zu »Rienzi«.
5. August: Fertigstellung des Textbuches zu »Rienzi, der letzte der Tribunen«. Die Idee des »guten Staates«, Sieg des (bei Wagner immer schwankenden) Volkes, nicht der Helden, entwickelt den Gedanken Ardinghellos von den »Glücklichen Inseln« weiter.
7. August: Nach Rückkehr aus Mitau wird in Riga die Orchesterskizze zu »Rienzi« I begonnen.
11. September: Wagner erläßt einen Aufruf an die Orchestermitglieder, durch ihre Unterschrift einen Zyklus von Konzerten gutzuheißen. Die Abonnementskonzerte, für Wagner ohne materiellen Nutzen, dauern vom 15. November bis 7. Mai des folgenden Jahres. Mit der Aufführung eigener Werke (Ouvertüren) zieht sich Wagner die Gegnerschaft der Kreise um Direktor Holtei zu.

Herbst: Komposition des Gedichts »Der Tannenbaum« von Georg Scheurlin.
6. Dezember: Wagner beendet die Orchesterskizze zu »Rienzi« I.

1839

6. Februar: Wagner beendet die Partitur von »Rienzi« I und beginnt mit der Orchesterskizze zu »Rienzi« II.
21. März: Modest Mussorgski in Karewo geboren.
Ende März: Wagner verliert seine Stellung in Riga, die hinter seinem Rücken bereits an Heinrich Dorn vergeben worden ist.
9. April: Orchesterskizze zu »Rienzi« II beendet.
April: Minna Wagner nimmt mit vier Auftritten von der Bühne Abschied.
Juni bis 7. Juli: Wagner nimmt vier Wochen französischen Unterricht. Letzte Konzerte und Opernaufführungen in Mitau, darunter »Oberon« von Carl Maria von Weber.
9. Juli: Von Mitau aus beginnt eine abenteuerliche Flucht ohne Pässe, da die Gläubiger in Deutschland nicht durch Bekanntwerden des Paßgesuchs aufmerksam werden sollen.
10. Juli: Wagner überschreitet mit Minna und dem Neufundländer Robber heimlich die russisch-ostpreußische Grenze.
14. Juli: Nahe Königsberg stürzt der Leiterwagen bei einem Gehöft um, Minna wird verletzt.
19. Juli: An Bord der »Thetis«, einem Segler »kleinster Gattung« (ML) mit sieben Mann Besatzung, verlassen die Flüchtenden Pillau in Richtung Kopenhagen.
27.–29. Juli: Sturm im Skagerrak, »die Sage vom Fliegenden Holländer, wie ich sie aus dem Munde der Matrosen bestätigt erhielt, gewann in mir eine bestimmte, eigentümliche Farbe« (AS).
29. Juli: Die »Thetis« läuft Sandwiken auf der Insel Boröya an der norwegischen Südküste an. Das Echo des Schiffsrufs, der sich an den Granitklippen bricht, »gestaltete sich bald zu dem Thema des Matrosenliedes« (ML).
1. August: Die »Thetis« sticht nach erneuter Havarie in See.
6.–7. August: Zweiter Sturm, Wagner und Minna erwarten in der Kajüte den Tod.

10.–11. August: Dritter Sturm vor der englischen Küste, an Sandbänken vorbei.
12. August: Ankunft in London, Quartier im Boarding house »Kingsarms« in der Old Comptonstreet, Westend. In den nächsten sieben Tagen Besuche im Oberhaus und Unterhaus.
20. August: Mit dem Dampfschiff nach Boulogne-sur-Mer, wo Wagner außerhalb der Stadt im Landhaus eines Weinhändlers Wohnung nimmt. Hier vollendet er, bevor er sich nach Paris begibt, zunächst die Instrumentation des II. Aktes »Rienzi« und macht die Bekanntschaft Meyerbeers, dessen Empfehlungen ihm zu einer Aufführung an der Pariser Oper verhelfen sollen. Er liest Meyerbeer den »Rienzi« vor und zeigt ihm fertige Teile der Komposition.
12. September: Partitur »Rienzi« II beendet.
16.–17. September: Von Boulogne nach Paris, wo Wagner ein Zimmer im Haus Nr. 3 der Rue de la Tonnellerie bezieht.
ab Oktober: Vollständige Ernüchterung. Meyerbeers Referenzen erweisen sich als wirkungslos, eine Vorsprache beim Direktor der Grande Opéra bleibt ohne Ergebnis. Die Probeaufführung der »Columbus«-Ouvertüre im Conservatoire hinterläßt einen äußerst negativen Eindruck. Der Neufundländer Robber läuft davon und taucht nach einem Jahr noch einmal wie ein Gespenst im Nebel auf. Verpfändung aller Wertgegenstände, später auch Verkauf der Pfandscheine.
November: Von einer Conservatoire-Probe der 9. Symphonie Beethovens tief bewegt. »Die große Pariser Oper ließ mich gänzlich unbefriedigt durch den Mangel alles Genies in ihren Leistungen« (AS).
13. Dezember: Kompositionsentwurf der »Faust«Ouvertüre abgeschlossen.
Dezember: Ein Hilferuf an Meyerbeer in Berlin bewirkt, daß dieser »Das Liebesverbot« dem Pariser Renaissance-Theater empfiehlt.

1840

12. Januar: Die Partitur der »Faust«-Ouvertüre, 1. Fassung, wird beendet.
Winter: An Eduard Avenarius, seinen künftigen Schwager, ist Wagner bereits jetzt mit 400 frcs. verschuldet, andere An-

leihen bei Freunden kommen hinzu. Wagner verspricht sich Einnahmen von der Komposition französischer Gedichte (nach Hugo, Ronsard, Reboul) und Heines »Les deux Grenadiers«, die er auf eigene Kosten für 50 frcs. drucken läßt. Er komponiert eine Einlagearie für Bellinis »Norma«. Näherer Umgang mit Berlioz. Durch Laube wird Wagner auch mit Heinrich Heine bekannt, dessen »Memoiren des Herren von Schnabelewopski« er vermutlich schon in Riga gelesen hat. Heine beeinflußt die Stoffe zum »Fliegenden Holländer« und zum »Tannhäuser«.
15. Februar: Wagner beginnt mit der Orchesterskizze »Rienzi« III.
März: Das Renaissance-Theater nimmt »Das Liebesverbot« zur Aufführung an, muß aber im April wegen Bankrotts schließen. Daraus leitet Wagner später den Vorwurf ab, Meyerbeers Empfehlungen seien nicht ernst gemeint gewesen. Wagner erhält die Ouvertüre »Rule Britannia« aus London zurück und muß die Annahme verweigern, da er das Porto nicht bezahlen kann.
26. März: Komposition des Liedes »Les Adieux de Marie Stuart« nach Béranger.
2. April: Emile Zola in Paris geboren.
15. April: Wagner mietet, in der Hoffnung auf Aufführung des »Liebesverbots«, eine größere Wohnung Rue de Helder 25.
6. Juni bis 11. August: Partitur „Rienzi« III entsteht.
29. Juni: In einem dieser Tage begonnenen Tagebuch: »Alle Quellen sind erschöpft.«
7. Juli: Orchesterskizze »Rienzi« III beendet.
10. Juli: Die Orchesterskizze »Rienzi« IV wird begonnen.
12. Juli: Der Aufsatz »Über deutsche Musik« erscheint in zwei Teilen in Schlesingers »Gazette musicale de Paris«.
26. Juli: Die Ballade Sentas, das Lied der norwegischen Mannschaft und der Gesang der Holländer-Matrosen sind »zur Audition fertig« (SB), teilt Wagner Meyerbeer mit.
Sommer: Wagner übergibt dem Direktor der Grand Opéra den kurz gefaßten Prosaentwurf zum »Fliegenden Holländer«. Laube erwirkt finanzielle Hilfe bei Leipziger Freunden, die bis zum Herbst vorhält.
14.–29. August: Arbeit an der Orchesterskizze und der Partitur von »Rienzi« IV.

5.–9. **September:** Arbeit an der Orchesterskizze »Rienzi« V.
20. **September:** Wagner beginnt die Kompositionsskizze der »Rienzi«-Ouvertüre.
18. **Oktober:** Wagners Aufsatz »Der Virtuos und der Künstler« erscheint in der »Gazette musicale«. Immer ärgere Not, so daß sich Wagner auch an Theodor Apel um Hilfe wendet.
23. **Oktober:** Orchesterskizze der »Rienzi«-Ouvertüre begonnen.
25. **Oktober und 17. November:** Minna Wagner täuscht in zwei Briefen an Apel Wagners Schuldhaft vor, um den Bitten um Geld mehr Nachdruck zu verleihen. Tatsächlich wird die – von Biographen fälschlich unterstellte – Schuldhaft nicht angetreten, wie aus der fortgesetzten Arbeit an Novellen und der »Rienzi«-Partitur nachzuweisen ist.
19. **November:** Partitur des »Rienzi« abgeschlossen. Die »Gazette musicale« beginnt mit dem vierteiligen Abdruck der Novelle »Eine Pilgerfahrt zu Beethoven«.
November/Dezember: Wagner lebt von Korrekturen, Arrangements und Klavierauszügen für den Verleger Maurice Schlesinger, der ihn Franz Liszt vorstellt.
1.–2. **Dezember:** Bittgänge durch Paris um ein paar Francs, »fürchterlichere Tage kann niemand erleben« (an Laube, SB).
4. **Dezember:** Gesuch an den König von Sachsen um Annahme des »Rienzi«, zugleich Brief an den Hoftheater-Intendanten von Lüttichau mit der Originalpartitur.
29. **Dezember:** An Robert Schumann: »Lassen Sie doch Meyerbeer nicht mehr so herunterreißen; dem Manne verdank' ich Alles u. zumal meine sehr baldige Berühmtheit« (SB).
31. **Dezember:** Albumblatt für Klavier in E-dur für den Maler Ernst Benedikt Kietz, der 1840/42 das erste Bleistiftporträt Wagners anfertigt. Wilde Silvesterfeier mit dem Bibliothekar Anders, dem Philologen Samuel Lehrs und den Malern Kietz und Pecht.

– Proudhons »Was ist Eigentum?« erscheint. Wagner lernt Proudhons These, Eigentum sei Diebstahl, vermutlich nur gesprächsweise kennen, wird aber, unter dem Eindruck der Pariser Bankiersgesellschaft, von ihm derart beeinflußt, daß Nachwirkungen bis in den »Ring« (Geld- bzw. Goldkreislauf im »Rheingold«) zu verfolgen sind.

10. Januar: Wagners Aufsatz »Über die Ouvertüre« erscheint in drei Nummern der »Gazette musicale«.
31. Januar: Die dialogische Novelle »Ein Ende in Paris« mit dem Schluß: »Ich glaube an Gott, Mozart und Beethoven«, erscheint in drei Nummern der »Gazette musicale« bis 11. Februar. »So etwas hätte Hoffmann nicht schreiben können!« (Heinrich Heine).
4. Februar: Die abermals hervorgeholte »Columbus«-Ouvertüre fällt in einem Konzert durch.
23. Februar: Wagner beginnt mit der Niederschrift der im Lauf des Jahres erscheinenden Pariser Berichte für die »Dresdener Abendzeitung«, journalistisch an Heine geschult, im Sommer für die Monatszeitschrift »Europa«, worin er – unter Pseudonym – Meyerbeers Erfolge der Bestechlichkeit der Pariser Operndirektoren zuschreibt.
Ende März: Liszt empfängt im Salon seines Pariser Hotels Wagner, der befangen und betäubt ist vom Glanz des Virtuosen.
1. April: Die »Gazette musicale« bringt Wagners Aufsatz »Der Künstler und die Öffentlichkeit«: »Unmöglich kann es die Pflicht sein, was das Genie zu der schrecklichsten Selbstverleugnung treibt, mit der es sich der Öffentlichkeit hingibt.«
12. April: Sempers Dresdner Hoftheater wird eröffnet.
29. April: Wagners ziehen sich in eine billigere Sommerwohnung nach Meudon zurück.
12. Mai: Wagner beendet die Dialognovelle »Ein glücklicher Abend«, in der Mozart und Beethoven gefeiert werden. Wiederum »gänzlich ohne Geld« (ML).
18.–28. Mai: Wagner verfaßt die Urschrift des »Fliegenden Holländers«, Schauplatz ist noch die schottische Küste.
23. Mai: Die »Gazette musicale« bringt einen zweiteiligen Aufsatz Wagners, der als Einführung in den »Freischütz« gedacht ist und die Pariser vor Verunstaltungen des Werkes warnt.
7. Juni: Erstaufführung von Webers »Freischütz« in Paris.
21. Juni: Wagner beendet den Bericht »Le Freischutz«, eine Klage über die Pariser Aufführung, die seine »Voraussage fast buchstäblich« bestätigte: »Wie ist mir wohl, daß ich ein Deutscher bin!« (»Dresdener Abendzeitung«)

29. Juni: Intendant von Lüttichau gibt seine Zusage, den »Rienzi« in Dresden aufzuführen, nachdem auch eine Empfehlung Meyerbeers vom 18. März vorlag. Die Annahme des Werkes ermutigt Wagner zur Ausführung des »Fliegenden Holländers«, der Komposition (ab Juli) in sieben Wochen, der gesamten Partitur in weniger als vier Monaten.
2. Juli: Wagner tritt den 1840 eingereichten »Holländer«-Entwurf für 500 frcs. an die Große Oper ab, als »Vaisseau fantôme« vertont von P. Dietsch.
6. Juli: In der Dresdener Abendzeitung erhebt Wagner Protest gegen die schmähliche Behandlung Heinrich Heines in Deutschland.
11. Juli bis 22. August: Die Orchesterskizze des »Fliegenden Holländers« entsteht. »Ich betrat nun eine neue Bahn, die der Revolution gegen die künstlerische Öffentlichkeit der Gegenwart« (MF).
September: Das Geld für den abgetretenen »Holländer«-Entwurf ist verbraucht. Wagner fertigt einen Klavierauszug von Halévys neuer Oper »La Reine de Chypre« an. Während der Lohnarbeit sinnt er auf eine Rückkehr nach Deutschland. Sein »Befassen mit philosophischen Gegenständen« (ML), u. a. mit Lehrs über die Fortdauer nach dem Tode, läßt zumindest auf mündliche Erörterung der im gleichen Jahr erschienenen Schrift Ludwig Feuerbachs „Das Wesen des Christentums« schließen. Wagner steht von nun an Feuerbach und dem Atheismus nahe. Nach Proudhon zweiter Einfluß auf die Grundidee des »Rings«: Ende der Götter, Diesseits-Religion der Menschenliebe.
ab 18. Oktober: Wagners Dialognovelle »Ein glücklicher Abend« erscheint in drei Fortsetzungen der »Gazette musicale«.
21. Oktober: Die Partitur des III. Aktes der Oper »Der Fliegende Holländer« wird abgeschlossen.
30. Oktober: Von Meudon, wo Wagner zuletzt in einem ungeheizten Zimmer komponierte, zurück nach Paris in ein Hintergebäude des Hauses Nr. 14 der Rue Jacob.
5. November: Orchesterskizze der »Holländer«-Ouvertüre beendet.
19. November: Wagner schließt die Partitur des »Fliegenden Holländers« ab. Er interpretiert den Holländer als Mischung aus Odysseus und »ewigem Juden«. Die Erlösung

durch die Liebe des Weibes ist ein von Heine in den Stoff eingeführtes Motiv. Von nun an empfindet sich Wagner in bezug auf seine dramatischen Arbeiten als Dichter, »der das musikalischen Ausdrucksvermögens für die Ausführung seiner Dichtungen sich im voraus bewußt« ist (MF). Er beschreitet den Weg zum Musikdrama.

20. November: Wagner bietet den »Holländer« dem Berliner Hoftheater zur Uraufführung an.

Jahresende: Wagner entwirft, angeregt von Raumers »Geschichte der Hohenstaufen«, eine Operndichtung über Manfred, den Sohn Friedrichs II., »Die Sarazenin«.

1842

5. Januar: In einem Brief an Schumann schreibt Wagner, Halévy sei »kein absichtsvoll schlauer Betrüger wie Meyerbeer«. Erster Ausfall gegen den bisher Geschätzten. Schumann druckt den Brief am 22. Februar und ändert die Stelle in »Filou wie M«.

27. Februar: Die »Gazette musicale« beginnt mit dem Abdruck von Wagners Aufsatz »Halévy et la Reine de Chypre« in vier Teilen.

5. März: Wagner beendet eine Auftragsarbeit, den Entwurf zur Oper »Die Bergwerke zu Falun«, nach Erinnerungen an Hoffmann.

bis März: Lehrs besorgt Wagner die Volksbücher »Der Venusberg« und »Der Sängerkrieg auf der Wartburg«. Von Lehrs erhält er auch das Jahrbuch der Königsberger Deutschen Gesellschaft mit einem Aufsatz über den Wartburgkrieg und einer Inhaltsangabe des Lohengrin-Epos. »Eine ganz neue Welt war mir hiermit aufgegangen« (ML). Wagner erinnert sich an Elemente des Stoffes bei Tieck und E. T. A. Hoffmann, sowie an Heines Tannhäuser-Version im »Salon«. In Wagners Vorstellung verschmilzt der Venusberg-Stoff mit dem Sängerkrieg. – Während sich in Dresden die Einstudierung des »Rienzi« verzögert, trifft Nachricht vom Grafen Redern über Berliner Absichten ein, den »Holländer« aufzuführen, »ein Zeichen der wahrhaftigen und energischen Teilnahme Meyerbeers für mich« (ML). »Ein empfindungsvoller, sehnsüchtiger Patriotismus stellte sich bei mir ein, von dem ich früher durchaus keine Ahnung gehabt hatte. Dieser Patriotismus war frei von jeder politischen Beifärbung; denn so aufgeklärt war ich allerdings schon damals, daß das politische Deutschland, etwa dem politischen Frankreich gegenüber, nicht die mindeste Anziehungskraft besaß« (MF).

7. April: Richard und Minna Wagner verlassen Paris. »Zum ersten Male sah ich den Rhein, – mit hellen Tränen im Auge schwor ich armer Künstler meinem deutschen Vaterlande ewige Treue« (AS). An der Wartburg vorbeifahrend stempelt Wagner einen seitab gelegenen Bergrücken zum Hörselberg und konstruiert so die Szene zum dritten Akt des »Tannhäuser«.

12. April: Ankunft in Dresden, Gasthof »Zur Stadt Gotha«, dann in die Töpfergasse 6, im Sommer Umzug in die Waisenhausstraße 5.

15. April: Zur Familie nach Leipzig.

18. April: Schumann im Tagebuch: »Richard Wagner, der aus Paris kam«, Schumann bleibt zu Wagners Berichten stumm.

19. April: Wagner hält sich zu Verhandlungen mit dem Grafen Redern über das Schicksal des »Fliegenden Holländers« in Berlin auf, die Stadt macht ihm »einen wahrhaft herabstimmenden Eindruck« (ML). Redern ist dabei, sich vom Theater zurückzuziehen, Wagner kehrt unverrichteter Dinge nach Dresden zurück.

26. April: In Dresden nimmt Wagner an den Vorbereitungen zur »Rienzi«-Uraufführung teil und versucht zu kürzen.

5. Mai: In Leipzig verhandelt Wagner mit dem neuen Berliner Intendanten Theodor von Küstner über den »Holländer«.

2.–3. Juni: Auf dem Weg nach Berlin erhält Wagner in Leipzig ein ausweichendes Schreiben von Küstners, das ihn veranlaßt, die Reise abzubrechen. Anschließend beim Bruder Albert in Halle, wo ihm die Stimme der fünfzehnjährigen Tochter auffällt. Johanna Wagner, spätere Jachmann, wirkt noch 1872 in der Bayreuther Aufführung von Beethovens 9. Symphonie und 1876 im »Ring« mit. Ihre ersten großen Erfolge erringt sie in Dresden.

9. Juni: Mit geliehenem Geld der Schwager Brockhaus rei-

sen Richard, Minna Wagner und Wagners Mutter nach Teplitz-Schönau, wo sie im Haus »Zur Eiche« logieren.
12. Juni: Über die Dresdner Verhältnisse: »Das ist ein verfluchtes Volk, diese Sachsen – schmierig, dehnig, plump, faul und grob – was habe ich mit ihnen zu tun?« (An Lehrs).
22. Juni: Auf dem Schreckenstein bei Aussig Beginn des ersten Prosaentwurfs zu »Tannhäuser«, noch »Der Venusberg« genannt.
8. Juli: In Teplitz Beendigung des zweiten Prosaentwurfs.
18. Juli: Wagner zurück in Dresden, Minna Wagner folgt am 1. August. Die Proben zu »Rienzi« beginnen unter Carl Gottlieb Reißiger.
11. September: »Oft könnte ich mit wahrem Gebrüll die Zeit herbeiwünschen, in der wir endlich einmal aufhören sollen, Bettler in anständiger Kleidung zu sein« (an Avenarius).
20. Oktober: Uraufführung des »Rienzi« im Königlich Sächsischen Hoftheater. Rienzi: Josef Tichatschek. Adriano: Wilhelmine Schröder-Devrient. Einer der größten Premieren-Erfolge Wagners. Die Aufführung dauert von 6 bis nach Mitternacht. Schon bald äußert Wagner Befremden an dieser »Großen Oper«, die er seinen »Schreihals« nennt; »ich liebe dieses Ungetüm nicht« (am 27. Dezember 1844 an die Berliner Anhängerin Alwine Frommann).
6. November: Wagner, für den »Rienzi« mit 300 Talern abgefunden, vertröstet seine Pariser Gläubiger auf spätere Einnahmen.
November/Dezember: Wagner begleitet die Schröder-Devrient zu Konzerten nach Leipzig (am 26. November unter Wagners Leitung eine »Rienzi«-Szene mit Tichatschek im Gewandhaus) und Berlin und spricht dort zum erstenmal länger mit Franz Liszt. In Dresden scheitern Versuche, den »Rienzi« als »Rienzis Größe« und »Rienzis Fall« an zwei Abenden aufzuführen, am Widerstand des Publikums.

– Liszt wird Hofkapellmeister in Weimar. Verdis erster Erfolg mit »Nabucco«.

1843

2. Januar: Uraufführung des »Fliegenden Holländers« in Dresden unter Wagners Leitung. Senta: Wilhelmine Schröder-Devrient, die dem Werk zu einem Achtungserfolg verhilft. Es wird nach vier Vorstellungen abgesetzt.
Jahresanfang: Wagner erhält ein zu verzinsendes Darlehen von 1000 Talern von Wilhelmine Schröder-Devrient.
1.–8. Februar: Heinrich Laubes »Zeitung für die elegante Welt« druckt in zwei Teilen Wagners »Autobiographische Skizze«, mit der er sich in Deutschland vorstellen will.
2. Februar: Wagner wird Königlich Sächsischer Hofkapellmeister. Er fühlt sich von Minna, der Witwe Webers und Lüttichau gedrängt, damit seinem Schicksal »eine verhängnisvolle Richtung zu geben« (ML). Nach einigen Tagen Audienz beim König.
März: Dresdner Erstaufführung von Glucks »Armide« unter Wagner, die ihm den Ruf eines Gluck-Interpreten einträgt.
vor dem 7. April: Die Urschrift der »Tannhäuser«-Dichtung entsteht.
7. April: Wagner teilt Lehrs mit: »Es ist mir unverhohlen erklärt worden, daß man von mir eine echte künstlerische Reorganisation des hiesigen Musikwesens erwarte.« Aus den daraus abgeleiteten Forderungen Wagners entstehen von nun an permanente Spannungen mit der Intendanz und dem Theaterpersonal.
13. April: Samuel Lehrs, Wagners »deutscher Philologe« in der Novelle »Ein Ende in Paris«, stirbt in Paris.
14. Mai bis 29. Juni: Komposition und Partitur des »Liebesmahls der Apostel«.
22. Mai: Wagner vollendet (nach ML) die »Tannhäuser«-Dichtung an seinem Geburtstag. Feuerbachs und Jungdeutschlands »gesunde Sinnlichkeit« verbindet sich darin mit einer Erlösungsinbrunst, die den Heilsgedanken des »Parsifal« antizipiert.
7. Juni: Anläßlich einer Denkmalsenthüllung Uraufführung eines Wagnerschen Festgesangs. Begegnung mit Mendelssohn-Bartholdy.

6. Juli: In der Dresdner Frauenkirche wird das »Liebesmahl der Apostel« uraufgeführt. Wagner postiert dazu 1200 Sänger und 100 Musiker.
19. Juli: Wagner begibt sich in den Sommerferien nach Teplitz-Schönau und wohnt wieder im Haus »Zur Eiche«. Er liest in Jacob Grimms »Deutscher Mythologie« und beginnt am »Tannhäuser« zu komponieren.
10. August: Wagner und Minna reisen für einige Tage nach Prag.
16. August: Wieder in Dresden. Übersiedlung in die Marienstraße 9.
1. Oktober: Wagner bezieht eine etwas aufwendigere Wohnung im Haus Nr. 6 der Ostra-Allee. Er beginnt mit dem systematischen Aufbau einer (nach seiner Flucht 1849 von Heinrich Brockhaus gepfändeten) Bibliothek mit besonderer Bevorzugung des Altdeutschen und Mittelalterlichen.
November: Beginn der Orchesterskizze zu »Tannhäuser« I.

– Freundschaft mit dem Arzt Dr. Anton Pusinelli und dem Dirigenten, Schriftsteller und Revolutionär August Röckel, unter Wagner Musikdirektor am Dresdner Hoftheater. Ludwig Feuerbachs »Grundsätze der Philosophie der Zukunft« erscheinen.

1844

2.–4. Januar: Wagner begibt sich von Dresden nach Berlin zu den »Holländer«-Proben.
7. Januar: Berliner Erstaufführung des »Fliegenden Holländers«, die Wagner in Anwesenheit König Friedrich Wilhelms IV. selbst dirigiert. Mendelssohn gratuliert ihm nach der Vorstellung. Am nächsten Morgen schreibt Wagner an Minna: »Es war einer der entscheidungsvollsten Abende für mich!« (SB).
9. Januar: Wagner dirigiert die zweite Berliner Aufführung des »Holländers«. Die Kritik, vor allem des angesehenen Ludwig Rellstab, ist vorwiegend negativ.
11.–17. Januar: Wieder in Dresden, zahlt Wagner die 100 Dukaten Berliner Honorar an Verwandte zurück und beendet die Orchesterskizze zum I. Akt des »Tannhäuser«.

30. Januar: »Jetzt aber würde es mir ganz unmöglich sein, ein fremdes Opernbuch zu komponieren, zunächst kann mich kein Stoff anziehen, als nur ein solcher, der sich mir nicht nur in seiner dichterischen, sondern auch in seiner musikalischen Bedeutung zugleich darstellt. Ehe ich dann daran gehe, einen Vers zu machen, ja eine Scene zu entwerfen, bin ich bereits in dem musikalischen Dufte meiner Schöpfung berauscht, ich habe alle Töne, alle charakteristischen Motive im Kopfe«, schreibt Wagner an den ihm wohlgesinnten Berliner Kritiker Karl Gaillard (SB).
29. Februar: Franz Liszt hält sich in Dresden auf und sieht eine auf seinen Wunsch angesetzte Aufführung des »Rienzi«. Liszts Affäre mit der Tänzerin Lola Montez.
12.–14. März: Wagner reist über Leipzig, Magdeburg, Braunschweig und ab Hannover mit der Post weiter nach Hamburg, wo ihn die Theaterzustände enttäuschen.
21.–24. März: Wagner dirigiert die beiden ersten Hamburger Aufführungen des »Rienzi« und reist am nächsten Tag nach Dresden zurück.
26. März: Abends in Dresden. Für den Palmsonntag studiert Wagner die Pastoralsymphonie Beethovens ein.
25. Juni: Wagner schließt mit dem Dresdner Hofmusikalienhändler C. F. Meser einen verhängnisvollen Vertrag über die Kommissionierung seiner musikalischen Werke, die er auf eigene Kosten drucken lassen will. Als die erste Rate fällig ist und Wilhelmine Schröder-Devrient das zugesagte Geld vorschießen soll, hat diese die Verfügung über ihre Finanzen einem Liebhaber übertragen und kann oder will nicht zahlen. Wagner nimmt Darlehen zu Wucherzinsen, und da gleichzeitig die Theater die Partituren von »Rienzi« und »Holländer« zurückschicken, bahnt sich eine nicht mehr abreißende Folge finanzieller Katastrophen an.
12. August: Bei der Rückkehr des sächsischen Königs aus England führt Wagner auf dem Landsitz Pillnitz den »Gruß seiner Treuen an Friedrich August den Geliebten« auf, mit Anklängen an den »Tannhäuser«-Marsch.
September bis 15. Oktober: Auf einem Weinberg in Loschwitz schreibt Wagner innerhalb von sechs Wochen die Orchesterskizze zu »Tannhäuser« II nieder.
15. Oktober: Friedrich Nietzsche in Röcken bei Lützen geboren.

nach dem 15. Oktober: Einstudierung von Spontinis Oper »Die Vestalin«, längerer Aufenthalt Spontinis in Dresden, den Wagner als groteske und denkwürdige Episode in Erinnerung behält. Spontini erklärt »offen, daß er mich liebhabe und dies mir nun dadurch bezeigen wolle, daß er mich vor dem Unglück bewahre, in meiner Karriere als dramatischer Komponist fortzufahren« (ML).
10. November: Wagner schreibt und komponiert für die bevorstehende, von ihm betriebene und gegen Widerstände der Hofintendanz durchgesetzte Überführung der sterblichen Überreste Carl Maria von Webers von London nach Dresden einen Männerchor.
15. November: Wagner komponiert eine Trauermusik nach Motiven aus »Euryanthe« für die Feier der Beisetzung Webers.
14. Dezember: Überführung der aus London zurückgebrachten sterblichen Überreste Webers vom Elbufer zum katholischen Friedhof der Friedrichstadt, Wagners Trauermusik für 80 Blasinstrumente und Trommeln erklingt.
15. Dezember: Am Grab Carl Maria von Webers hält Wagner eine Trauerrede, die ihn in solch selbstvergessene Ergriffenheit versetzt, daß er seinen eigenen Worten eine Weile stumm nachlauscht. Der Männerchor singt Wagners »Hebt an den Sang«.
29. Dezember: Wagner beendet die Orchesterskizze zum III. Akt des »Tannhäuser«.

– Umgang mit Ferdinand Hiller. Robert und Clara Schumann siedeln Ende des Jahres nach Dresden über. In Wagners Dresdner Bibliothek finden sich Ausgaben des Tristan-Epos einschließlich der alten französischen, englischen, walisischen und spanischen Gedichte.

1845

13. April: Die den ganzen Winter andauernden Arbeiten an der Partitur des »Tannhäuser« werden abgeschlossen. Wagner läßt 100 Exemplare, wiederum auf eigene Kosten, für 500 Taler auf Stein drucken, um die Verluste von »Rienzi« und »Holländer« wettzumachen.

5. Juni: Wagner schickt die Partitur des »Tannhäuser« an den Berliner Kritiker Gaillard: »Mir fehlt eine große, und zwar die größte Stadt Deutschlands zur Bekräftigung meines Dresdner Erfolges.«
3. Juli: Wagner mit Frau, Hund und Papagei für fünf Wochen zur Erholung nach Marienbad, wo er im Haus »Zum Kleeblatt« wohnt. Zur mitgenommenen Lektüre gehören die Dichtungen Wolframs von Eschenbach (Parzival) in den Bearbeitungen von Simrock und San Marte, das anonyme Epos vom »Lohengrin« mit der Einführung von Görres und die »Geschichte der deutschen Literatur« von Gervinus. Darin stößt Wagner auf Hans Sachs und die Meistersinger von Nürnberg mit ihren Regeln. »Ich faßte Hans Sachs als die letzte Erscheinung des künstlerisch produktiven Volksgeistes auf« (MF). Wagner kommt »auf einem Spaziergange die Erfindung einer drolligen Szene an« (ML), in der Sachs dem Merker die Fehler mit dem Hammer auf den Leisten vorzählt: spätere Szene Sachs-Beckmesser, II. Akt.
16. Juli: Trotz ärztlichen Verbots schreibt Wagner die umfangreiche Prosaskizze aller drei Akte der »Meistersinger« nieder und schließt, bereits zu diesem Zeitpunkt, mit den Versen: »Zerging das Heil'ge Römische Reich in Dunst, / Uns bliebe doch die heil'ge deutsche Kunst.«
um den 17. Juli: Begegnung mit dem Wiener Kritiker Eduard Hanslick, der Wagner in der Dresdner Zeit wohlgesinnt ist.
3. August: Wagner beendet den Prosaentwurf zum »Lohengrin«.
9.–15. August: Von Marienbad aus begibt sich Wagner über Eger, Karlsbad, Teplitz und Aussig wieder zurück nach Dresden.
12. August: Während seiner Reise kommt es in Leipzig zu einem folgenreichen Zwischenfall. Herzog Johanns Hotelwache schießt auf das Volk und richtet ein furchtbares Blutbad an. Robert Blum verhindert durch Besonnenheit den Ausbruch von Kämpfen. »Von da an erwachte in Sachsen die entschiedene Opposition, die auch gleich noch in der Kammer desselben Jahres ihren Ausdruck fand, während auf der anderen Seite die Reaktion immer kühner einherschritt und die allgemeine Unzufriedenheit nach Kräften steigerte« (August Röckel in »Sachsens Erhebung«).

25. August: Der spätere König Ludwig II. von Bayern in Nymphenburg geboren.
September: Bei den beginnenden »Tannhäuser«-Proben ergeben sich Schwierigkeiten mit dem Werk (ungenügende Ausführung der Rolle der Venus) und mit der Einstudierung. So setzt der Wettstreit auf der Wartburg nicht nur Sänger voraus, sondern singende Darsteller. Das Problem, wie sie zu erziehen seien, wird in Briefen und Gesprächen erörtert und läßt Wagner zeitlebens nicht mehr ruhen. Die in Paris bestellten Dekorationen treffen mit der Bahn ein, sind aber auch im Oktober noch unvollständig.
19. Oktober: Uraufführung der Oper »Tannhäuser und der Sängerkrieg auf der Wartburg« mit Tichatschek in der Titelrolle, Mitterwurzer als Wolfram, Johanna Wagner als Elisabeth und der Schröder-Devrient als Venus. Das Seelendrama – Zusammenstoß von höherer und niederer Liebe – wird durch den nur andeutenden Schluß vom Publikum ungenügend aufgefaßt, es verläßt verwirrt und enttäuscht die erste Vorstellung. Das Urteil der Fachleute ist zwiespältig. Schumann am 22. Oktober: »Da hat Wagner wieder eine Oper fertig . . ., er kann wahrhaftig nicht vier Takte schön, kaum gut hintereinander weg schreiben und denken« (an Mendelssohn-Bartholdy). Nachdem Schumann die Aufführung gesehen hat, schreibt er am 12. November: »ich muß manches zurücknehmen . . .; von der Bühne stellt sich alles ganz anders dar. Ich bin ganz ergriffen gewesen.« Die Dresdner Presse verbreitet das Gerücht, Wagner sei von der katholischen Partei bestochen. Wagner fühlt sich verlassen und einsam. »Von nun an hörte unsere ganze moderne Kunstöffentlichkeit immer grundsätzlicher auf für mich zu existieren« (MF).
17. November: Im »Engelklub« liest Wagner die Dichtung des »Lohengrin« vor. Zuhörer sind Robert Schumann, Ferdinand Hiller, Gottfried Semper, der Literat Hermann Franck, die Bildhauer Hänel und Rietschel sowie die Maler Julius Schnorr von Carolsfeld, Pecht, Reinick, Bendemann und Hübner. Poetisch-kritische Beschäftigung mit dem Gedicht. »Es wurde gelobt«, Schumann sieht »keinerlei Anhalt zu eigentlichen Musiknummern« (ML).
Herbst: Karl Gutzkow wird Theaterdramaturg in Dresden. Wagner versucht in der Folge seine Kompetenzen zu be-

schneiden und nennt seine Tätigkeit »den brutalen Despotismus des Unverstands« (ML). Auch der Dichter Berthold Auerbach findet sich ein, zu dem Wagner in nähere Beziehung tritt.

bis 27. November: Letzte Arbeiten an dem »Lohengrin«-Text. Der Wagnerschen Erläuterung des Konfliktes Elsa-Lohengrin sind wiederum Gedanken Feuerbachs und des Jungen Deutschlands zu entnehmen: »Was ist nun das eigentümlichste Wesen dieser menschlichen Natur, zu der die Sehnsucht nach weitesten Fernen sich, zu ihrer einzig möglichen Befriedigung, zurückwendet? Es ist die *Notwendigkeit der Liebe*, und das Wesen dieser Liebe ist in seiner wahrsten Äußerung *Verlangen nach voller sinnlicher Wirklichkeit*, nach dem Genusse eines mit allen Sinnen zu fassenden, mit aller Kraft des wirklichen Seins fest und innig zu umschließenden Gegenstandes« (MF). Ortrud wird als »eine Reaktionärin« gesehen, »und zwar im wütendsten Sinnes des Wortes« (am 30. Januar 1852 an Franz Liszt).

8.–9. Dezember: Wagner reist nach Leipzig und sieht abends Aubers »Die Stumme von Portici«, am nächsten Tag nach Berlin, wo er am Abend eine Vorstellung von Mozarts »Don Giovanni« besucht, mit der schwedischen »Nachtigall« Jenny Lind als Gast.

12. Dezember: Wagner sieht in Berlin Bellinis »Norma« mit Jenny Lind als Gast.

13.–14. Dezember: Rückreise über Leipzig nach Dresden.

– Ludwig Feuerbach: »Das Wesen der Religion«. Max Stirner: »Der Einzige und sein Eigentum«.

1846

Winter: Wagner setzt gegen den Widerstand von Orchestervorständen und Presse durch, daß im alljährlichen Palmsonntagskonzert zugunsten des Rentenfonds Beethovens 9. Symphonie gespielt wird.

12. Februar: Die Aufführung der »Tannhäuser«-Ouvertüre durch Mendelssohn-Bartholdy im Leipziger Gewandhauskonzert wird zu einem Mißerfolg.

2. März: Wagner übersendet von Lüttichau seine kritische Denkschrift »Die Königliche Kapelle betreffend«, mit Reformvorschlägen.
März: Wagner bereitet die Aufführung der 9. Symphonie sorgfältig vor und leitet die Proben auswendig. Durch seine Anfeuerungsrufe reißt er die Chorsänger zu wahrer Ekstase hin.
24. März bis 2. April: In der »Dresdener Abendzeitung« erscheinen drei Aufsätze Wagners, »allerhand kurzbündige und enthusiastische Ergüsse« (ML) zu Beethovens 9. Symphonie, die acht Jahre zuvor unter Carl Gottlieb Reißiger durchgefallen war.
April: Der dänische Komponist Niels W. Gade besucht die Generalprobe zum Beethoven-Konzert.
5. April: Wagner dirigiert im Alten Opernhaus am Zwinger die 9. Symphonie Beethovens. Der Programmtext, von Wagner verfaßt, nimmt Partien aus Goethes »Faust« zu Hilfe. Der Erfolg der Aufführung ist ungeheuer. Unter den Zuhörern sind der junge Hans von Bülow, später Wagners ergebenster Dirigent, und Ludwig Schnorr von Carolsfeld, nachmalig berühmter Wagner-Tenor.
15. Mai: Wagner und Minna ziehen sich für drei Monate Urlaub nach Großgraupa bei Pillnitz zurück, wo sie der Bildhauer Gustav Adolf Kietz besucht und die Kompositionsskizze zum »Lohengrin« entsteht.
29. Juli: Der sechzehnjährige Hans von Bülow wird Wagner vorgestellt.
30. Juli: Kompositionsskizze zu »Lohengrin« abgeschlossen.
Anfang August: Wagner kehrt nach Dresden zurück.
11. August: In der Schrift »Künstler und Kritiker« verwahrt sich Wagner gegen die »schädliche Einwirkung ungenügend und einseitig gehandhabter Kritik« und verteidigt seine Interpretation von Mozarts »Hochzeit des Figaro«.
bis 16. August: Mehrmals reist Wagner wegen einer Versicherungspolice nach Leipzig und stattet beim letzten Mal dem alternden Louis Spohr, der ihn herzlich aufnimmt, einen Besuch ab.
16. August: Da Wilhelmine Schröder-Devrient gerichtlich ihr Geld zurückverlangt, nimmt Wagner zur Begleichung seiner Schulden von der Hofintendanz ein Darlehen von 5000 Talern aus dem Theaterpensionsfonds, rückzahlbar ab 1851

in zehn Jahresraten, bei 5% Verzinsung und Abschluß einer Lebensversicherung.
9. September: Wagner beginnt mit der Orchesterskizze »Lohengrin« III, das Werk entsteht musikalisch vom Ende her.
Herbst: Eduard Hanslick besucht eine der – jetzt erfolgreicheren – Dresdner »Tannhäuser«-Aufführungen, lobt sie in der »Allgemeinen Wiener Musikzeitung« und rügt dabei lediglich den »Mißbrauch mit verminderten Septimeaccorden«.
31. Oktober: Kurze Prosaskizze zu einem Drama »Friedrich I.« (Barbarossa).
26. November: In Meyerbeers Tagebuch: »An Richard Wagner (das Darlehen von 1200 Talern, welches er verlangte, abgeschlagen) ... geschrieben.«
11. Dezember: Wagner unterbricht die Arbeit am »Lohengrin« abermals, um Glucks »Iphigenie in Aulis« textlich und musikalisch einzurichten. Lektüre des Euripides.

– Lortzing: »Der Waffenschmied«. Berlioz: »Faust«.

1847

1. Januar: An Hanslick, der ihm die »Tannhäuser«-Kritik als Neujahrsgruß zugeschickt hat, schreibt Wagner: »Was mich um eine Welt von Ihnen trennt ist Ihre Hochstellung Meyerbeers; ich sage dies mit vollster Unbefangenheit, denn Meyerbeer ist mir persönlich sehr befreundet, u. ich habe allen Grund ihn als liebenswürdigen, teilnehmenden Menschen zu schätzen. Aber wenn ich Alles zusammenfasse, was mir als innere Zerfahrenheit u. äußere Mühseligkeit im Opern-Musikmachen zuwider ist, so häufe ich dies in den Begriff ›Meyerbeer‹ zusammen« (SB).
11. Februar: Wagner setzt die Arbeit an der Orchesterskizze zu »Lohengrin« III fort und studiert Glucks »Iphigenie in Aulis« ein.
22. Februar: Wagner dirigiert und inszeniert die neubearbeitete »Iphigenie in Aulis« von Gluck.
5. März: Orchesterskizze zu »Lohengrin« III beendet. Das gesamte motivische Material der Oper ist darin ausgebreitet und wird von da her zurückprojiziert.

28. März: Wiederholung von Beethovens 9. Symphonie im Palmsonntagskonzert unter Wagners Leitung.
Anfang April: Wagner zieht in eine etwas billigere Wohnung im Marcolinischen Palais in der Dresdner Friedrichstadt um.
12. Mai bis 8. Juni: Arbeit an der Orchesterskizze zum I. Akt »Lohengrin«.
18. Juni bis 2. August: Arbeit an der Orchesterskizze zum II. Akt »Lohengrin«. In der sommerlichen Zurückgezogenheit, während der Arbeiten am »Lohengrin«, Studien des Aischylos. Wagner liest Aristophanes und Platons »Gastmahl«. Im Lichte der griechischen Klassiker wird die vorangegangene Lektüre der Edda, der Wilkina- und Niflunga-Saga, der Heimskringla, der Völsunga-Sage und der Völuspa verarbeitet.
9. Juli: Erneute Eingabe an von Lüttichau, gegen Gutzkows Einfluß und »Cliquenwesen« gerichtet.
10. August: An Lüttichau: »ersuche ich in geneigte Erwägung zu ziehen, daß unter den bestehenden Verhältnissen u. nach den mir zugestoßenen Erfahrungen mein Wunsch, aus meiner jetzigen Stellung als Kapellmeister auszuscheiden, ein aufrichtiger sein muß« (SB).
28. August: Die Orchesterskizze des Vorspiels zu »Lohengrin« wird zuletzt beendet.
18. September: Wagner begibt sich, um »Rienzi« einzustudieren, nach Berlin, in einen »Pfuhl von Widersprüchen der übelsten Art«, dem er sich, des Erfolges wegen, bis zur Heuchelei und Selbstaufgabe anpassen zu müssen glaube: »Nie ward mir der scheußliche Zwang, mit dem ein unzerreißbarer Zusammenhang unsrer modernen Kunst- und Lebensumstände ein freies Herz sich unterjocht und zum schlechtesten Menschen macht, klarer, als in jener Zeit« (MF).
26. September: Wagner besucht Tieck und führt mit ihm wertvolle Gespräche, auch über »Lohengrin«.
24. Oktober: Berliner Erstaufführung des »Rienzi« in der Hofoper unter Wagners Leitung. Er dirigiert noch zwei weitere Aufführungen, wird aber für die Einstudierung nicht bezahlt, da sie auf »Wunsch« und nicht auf »Einladung« geschah.
4. November: Felix Mendelssohn-Bartholdy stirbt in Leipzig.
6. November: Richard und Minna Wagner, die sich seit 10.

Oktober ebenfalls in Berlin aufhielt, kehren enttäuscht von Mißerfolgen, vom Nichterscheinen des Königs in der Oper und von der nichtgewährten Audienz nach Dresden zurück. Wagner nimmt seine Tätigkeit am Theater wieder auf. »Auf dem Wege des Nachsinnens über die Möglichkeit einer gründlichen Änderung unsrer Theaterverhältnisse ward ich ganz von selbst auf die volle Erkenntnis der *Nichtswürdigkeit der politischen und sozialen Zustände hingetrieben, die aus sich gerade keine andern öffentlichen Kunstzustände bedingen konnten, als eben die von mir angegriffenen«* (MF).

23. November: In einem Brief an den Berliner Ernst Kossak: »Bester Freund, was ist all unser Hineinpredigen in das Publikum? Wie bedaure ich, daß Sie sich damit so viel Mühe und am Ende gar noch meinetwillen geben! Hier ist ein Damm zu durchbrechen und das Mittel heißt: Revolution! Die positive Basis muß gewonnen werden; was wir für gut und recht halten, das muß das Gegebene, Feste und Unabänderliche werden, dann löst sich das jetzt herrschende Schlechte von selbst zur albernen, leicht besiegbaren Opposition auf. Ein einziger vernünftiger Entschluß des Königs von Preußen für sein Operntheater und alles ist mit einmal in Ordnung!« (SB).

Ende November: Marx und Engels nehmen an der Tagung des »Bundes der Gerechten« teil, der seinen Namen in »Bund der Kommunisten« ändert.

Ende des Jahres: Eingabe Wagners um Gehaltserhöhung. Wagner wünscht, daß sein Gehalt (1500 Taler jährlich) auf das des 1. Kapellmeisters Reißiger (2000 Taler) angehoben wird. (Die Schröder-Devrient erhält 4000 Taler.) Wagners Gesuch wird zwar genehmigt, er erhält bei dieser Gelegenheit jedoch Einblick in ein demütigendes Gutachten Lüttichaus, in dem es u. a. heißt, er, Wagner, habe sich in Paris eine »leichte Ansicht der Lebensverhältnisse« angeeignet und das Glück seiner Dresdner Anstellung als Kapellmeister nicht zu würdigen gewußt.

1848

1. Januar: Wagner beginnt die Partitur des »Lohengrin« auszuarbeiten.

9. Januar: Überraschend stirbt Wagners Mutter in Leipzig; damit lösen sich die letzten Bande, die ihn innerlich mit seiner Familie und Sachsen verknüpfen. Beim Begräbnis spricht er mit Heinrich Laube über die »gänzlich in das Nichtswürdige« versinkende Zeittendenz (ML).
22. Januar bis 8. März: In drei Dresdner Konzerten dirigiert Wagner Mozarts Symphonie D-dur, Beethovens Eroica, eine Bach-Motette und Cherubinis »Medea«-Szenen; im zweiten Konzert (am 12. Februar) Haydns Symphonie Nr. 104 D-dur, ein »De profundis« von Gluck, den 42. Psalm von Mendelssohn-Bartholdy und Beethovens 7. Symphonie; im dritten Konzert Mendelssohn-Bartholdys Schottische Symphonie, Palestrinas »Stabat mater«, das Wagner selbst bearbeitet hat, und Beethovens 5. Symphonie.
Februar: Aufstände in Sizilien. Revolution in Paris und Sturz des Bürgerkönigtums. Das im Januar abgefaßte »Manifest der kommunistischen Partei« erscheint.
13. März: Das Dresdner Volk strömt auf die Straßen. Auf Petitionen mehrerer sächsischer Städte gewährt der König Aufhebung der Zensur, Wahl-, Justiz- und Steuerreformen. Das Volk glaubt an die Verheißungen und jubelt dem König zu. »Die tatsächlichen Veränderungen, welche die Märztage in Sachsen bewirkt hatten, beschränkten sich auf den Wegfall der Zensur und einen Ministerwechsel« (August Röckel in »Sachsens Erhebung«).
18. März: Barrikadenkämpfe in Berlin und Frankfurt am Main.
31. März: In Frankfurt konstituiert sich ein Vorparlament zur Nationalversammlung.
März: Franz Liszt, der sich nach glanzvoller Virtuosenlaufbahn endgültig in Weimar niederlassen will, unterbricht seine Reise von Wien nach Weimar in Dresden und führt mit Wagner längere, freundschaftlich vertraute Gespräche. Die Engländerin Jessie Taylor, verh. Laussot, besucht Wagner in Begleitung des siebzehnjährigen Karl Ritter aus Dresden; Wagner findet in ihnen, wie in der Berlinerin Alwine Frommann, erste leidenschaftliche Anhänger und in der Familie Ritters seine späteren Mäzene.
16. April: Wagner dirigiert Beethovens 8. Symphonie im Palmsonntagskonzert.
28. April: Wagner vollendet die Partitur des »Lohengrin«.

11. Mai: Wagner reicht einen »Entwurf zur Organisation eines deutschen Nationaltheaters für das Königreich Sachsen« an das Ministerium ein. Wichtigste Punkte sind: Gründung eines Vereins der dramatischen Dichter und Komponisten; Wahl des Theaterdirektors durch das aktive Personal sowie durch sämtliche Mitglieder des vaterländischen Dichter- und Komponisten-Vereins; Konzentration der Leitung in den Händen *eines* Kapellmeisters; Errichtung einer Theaterschule. Diese Eingabe bleibt wie alle anderen ohne Ergebnis.
15. Mai: In Wien brechen Aufstände aus. Wagner verfaßt ein umfangreiches Gedicht »Gruß aus Sachsen an die Wiener«, das die »Allgemeine Österreichische Zeitung« mit vollem Namen abdruckt. Darin heißt es: »Nun jauchz' ich auf aus voller Brust, / mein Zagen ist gehoben: / Drum muß ich nun mit heißer Lust / euch Wiener Helden loben!«
18. Mai: Die Frankfurter Nationalversammlung tritt zusammen.
19. Mai: In einem Brief an den sächsischen Abgeordneten Wigard fordert Wagner, das Parlament in Frankfurt möge beschließen: 1. Die Nationalversammlung ist die einzige konstituierende Gewalt, 2. Volksbewaffnung, 3. Schutz- und Trutzbündnis mit Frankreich, 4. Territorial-Reform der deutschen Staaten, nicht unter 3, nicht über 6 Millionen Bevölkerung. »Nun hängt es von dem Benehmen der Fürsten ab, welches Los sie sich bereiten wollen: beginnen sie feindselig, protestieren sie, so sind sie sammt und sonders in Anklagezustand zu versetzen, und die Anklage gegen sie ist auf völlig historischer Basis zu begründen.«
15. Juni: Wagner spricht beim linksgerichteten Dresdner Vaterlandsverein über die Frage: »Wie verhalten sich republikanische Bestrebungen dem Königtume gegenüber?« Darin heißt es: »Wir werden erkennen, daß die menschliche Gesellschaft durch die Tätigkeit ihrer Glieder, nicht aber durch die vermeinte Tätigkeit des Geldes erhalten wird«, und: »wie ein böser nächtlicher Alp wird dieser dämonische Begriff des Geldes von uns weichen mit all seinem scheußlichen Gefolge von öffentlichem und heimlichem Wucher, Papiergaunereien, Zinsen und Bankiersspeculationen. Das wird die volle Emanzipation des Menschengeschlechtes, das wird die Erfüllung der reinen Christuslehre sein.« Wagner fordert gleiches Stimm- und Wahlrecht, erteilt aber den Anhängern der »ab-

geschmacktesten und sinnlosesten Lehre«, des Kommunismus, und der »gleichen Verteilung des Gutes und Erwerbes« eine Absage. An der Spitze aller republikanischen Bestrebungen stehe der König als »der erste und allerechteste Republikaner«. Wagners Rede vor dem Vaterlandsverein erscheint als gedruckte Beilage zum »Dresdener Anzeiger«, ohne Verfassernamen. Die Intendanz setzt daraufhin »Rienzi« vom Programm ab.

18. Juni: Rechtfertigungsbrief an Lüttichau; noch nie sei im Vaterlandsverein dem König so viel Beifall gespendet worden wie bei seiner, Wagners, Rede.

Juni/Juli: Neue Finanzierungspläne Wagners, geknüpft an den Verkauf seiner drei Opern für insgesamt 5000 Taler, scheitern. An Liszt am 1. Juli: »Ich schlage mich nun hier auf Tod und Leben herum, u. weiß nicht wie es enden wird« (SB).

9.–22. Juli: Über Breslau reisend, trifft Wagner in Wien ein, wo er zwei Wochen lang Pläne zur Reformierung der Wiener Theater bespricht. Zahlreiche, meist enttäuschende Zusammenkünfte. Eduard Hanslick: »Wagner war ganz Politik.« Vergeblicher Besuch bei dem Lustspieldichter Eduard von Bauernfeld, der kein Verständnis für Theaterreformen zeigt. »Einen sehr sanften Eindruck machte mir dagegen Herr Grillparzer ..., welchen ich ebenfalls in Theaterreform-Angelegenheiten aufsuchte.« Auch Grillparzer ist von Wagners Bestrebungen befremdet. Grillparzer »war der erste Theaterdichter, welchen ich in einer Beamtenuniform gesehen habe« (ML). Zurück über Prag, das letzte Stück bis Dresden mit dem Dampfschiff.

Spätsommer: Wagner ergänzt den Dramenentwurf zu »Friedrich I.«. Den Stoff aufgebend, wendet er sich dem Aufsatz »Die Wibelungen/Weltgeschichte aus der Sage« zu, in dem er Historisches mit Mythischem zu verbinden sucht. Auf Spaziergängen beginnt er, über dem Fundament der von August Röckel entwickelten sozialistischen Ideen sein eigenes Kunstideal aufzubauen, zu dessen Realisierung ihm die Revolution notwendig erscheint.

Ende August: Einige Tage bei Franz Liszt in Weimar.

22. September: 300-Jahr-Feier der Dresdner Königlichen Kapelle.

24. September: Vormittags improvisiert Wagner am Grabe

Carl Maria von Webers einen Gedenkspruch, abends findet ein Festkonzert zum Jubiläum der Kapelle statt, Auszüge aus »Lohengrin« (erstes Finale) werden gespielt und lau aufgenommen. Danach, bei einem Festessen, Trinkspruch Wagners auf die Königliche Kapelle. Den ganzen Tag über ist Wagner mit Heinrich Marschner zusammen.

4. Oktober: Wagner entwirft »Die Nibelungensaga« als erste Prosavorstudie des späteren »Ring des Nibelungen«, veröffentlicht unter dem Titel »Der Nibelungen-Mythus«.

Herbst: August Röckels seit dem 26. August erscheinende »Volksblätter« werden zum Teil konfisziert. Wagner schreibt anonyme Artikel für das Blatt, am 15. Oktober erstmalig: »Deutschland und seine Fürsten« mit der Mahnung: »Sechs Monate sind verflossen, was ist geschehen? ... Erwacht! Die elfte Stunde hat geschlagen ...« In Wien werden die Aufstände blutig niedergeworfen, Robert Blum wird hingerichtet. Trauerdemonstrationen in Dresden, an denen auch Minister und Beamte teilnehmen.

20. Oktober: Wagner schließt den Prosaentwurf zu »Siegfrieds Tod« ab. Er schreibt: Die Absicht der Götter »würde erreicht sein, wenn sie in dieser Menschenschöpfung sich selbst vernichteten, nämlich in der Freiheit des menschlichen Bewußtseins ihres unmittelbaren Einflusses sich begeben müßten«. Das entspricht bereits sinngemäß der komponierten Schlußfassung der »Götterdämmerung« von 1874.

12.–28. November: In freien Rhythmen und Stabreimen entsteht die Urfassung von »Siegfrieds Tod«, das spätere Schlußstück des »Rings«, noch ohne den Brand Walhalls.

Dezember: Beeinflußt durch die Brüder Grimm geht Wagner fast durchweg zur Kleinschreibung und lateinischen Schrift über. Bis Anfang 1851 beibehalten. Wagner liest die gesamte Urschrift von »Siegfrieds Tod« in seiner Wohnung vor. Anwesend sind Gottfried Semper, Hans von Bülow, Karl Ritter, Gustav Adolf Kietz, Chordirektor Wilhelm Fischer, Regisseur und Bühnenbildner Ferdinand Heine und dessen Sohn Wilhelm.

Winter: Lektüre der Evangelien.

– Wagner studiert, dem »Absolutum« auf der Spur (ML), bis ins nächste Jahr hinein Hegels »Vorlesungen über die Philosophie der Geschichte«.

10. Januar: In Sachsen treten die gewählten Volksvertreter zusammen und verlangen die Anerkennung der von der Frankfurter Nationalversammlung erklärten Grundrechte.

Januar: Wagner verfaßt einen detaillierten, 50-seitigen Dramenentwurf »Jesus von Nazareth«, in dem Jesus als Sozialrevolutionär fungiert. Grundlinie: Das Gesetz des Eigentums schafft die Sünde gegen das Eigentum; also ist keine Sünde, wo kein Gesetz ist. Judas und Barrabas erwägen einen jüdischen Aufstand gegen Rom, aber Jesus wählt aus Sehnsucht nach dem Tode (ein Gedanke, der in Wagners Briefen und Äußerungen seit seiner letzten Berlin-Reise immer häufiger auftritt) die Selbstvernichtung. Wieweit bei der Konzeption des Nazareners als sozialer Erlöser die Lektüre, die Kenntnis oder wenigstens die öffentliche Erörterung des 1835 erschienenen Werkes »Das Leben Jesu. Kritisch bearbeitet« des Junghegelianers David Friedrich Strauß und der 1845 erschienenen Schrift Wilhelm Weitlings »Das Evangelium des armen Sünders« Pate gestanden haben, ist schwer beweisbar, aber nicht auszuschließen. Bakunin wünscht, von der Vorlesung des Wagnerschen »Jesus von Nazareth« verschont zu werden; er empfiehlt ihm, »der Tenor solle singen: ›Köpfet ihn!‹, der Sopran: ›Hängt ihn!‹ und der Basso continuo: ›Feuer, Feuer!‹« (ML).

9. Februar: Franz Liszt kündigt Wagner die bevorstehende Aufführung des »Tannhäuser« in Weimar an.

10. Februar: Wagners Aufsatz »Der Mensch und die bestehende Gesellschaft« erscheint anonym in Röckels »Volksblättern«. Darin wird der Gesellschaft die Aufgabe gestellt, die Menschen »durch Vervollkommnung ihrer geistigen, sittlichen und körperlichen Fähigkeiten zu immer höherem, reinerem Glücke zu führen«. Der Kampf gegen die bestehende Gesellschaft habe begonnen, der »heiligste, der erhabenste, der je gekämpft wurde«.

16. Februar: Weimarer Aufführung des »Tannhäuser«, unter Leitung von Franz Liszt.

26. Februar: Liszts Freundschaft mit Richard Wagner ist besiegelt. Liszt schreibt an den Jüngeren: »Ein für allemal zählen Sie mich von nun an zu Ihren eifrigsten und ergebensten

Bewunderern – nah wie fern bauen Sie auf mich und verfügen Sie über mich.«

März: Wagner schreibt das Gedicht »Die Not«. Grundgedanke: Nach dem heiligen »Feuerbrande« der Mammonstätten bleibt »die Menschheit, frei von Ketten, / und die Natur zurück«.

Frühjahr: Nach dem Prager Pfingstaufstand sucht der russische Anarchist Michail Bakunin in Dresden Zuflucht und wohnt bei Röckel, der ihn mit Wagner zusammenbringt. »Alles an ihm war kolossal, mit einer auf primitive Frische deutenden Wucht« (ML). Wagner läßt sich genau über dessen Theorien informieren und bleibt gegen »so furchtbare Behauptungen« wie die Zerstörungs-Lehre um so verlegener, als sich Bakunin als »wirklich liebenswürdiger, zartfühlender Mensch« erweist.

23. März: In Frankfurt am Main wird die deutsche Verfassung beschlossen, die Kleindeutschen setzen sich durch.

28. März: Nach einer langwierigen Kaiserwahl wird Friedrich Wilhelm IV. von Preußen die deutsche Kaiserkrone anangetragen.

31. März: Bei der Generalprobe zum letzten Palmsonntagskonzert Wagners mit Beethovens 9. Symphonie tritt zum Schluß Bakunin ans Orchester und ruft Wagner zu, »daß, wenn alle Musik bei dem erwarteten großen Weltenbrande verlorengehen sollte, wir für die Erhaltung dieser Symphonie mit Gefahr unseres Lebens einzustehen uns verbinden wollten« (ML). Die Aufführung findet am nächsten Tag statt.

3. April: Friedrich Wilhelm IV. verweigert die Annahme der deutschen Kaiserkrone aus der Hand der Volksvertreter.

8. April: Wagners rhapsodischer Aufsatz »Die Revolution« erscheint in Röckels »Volksblättern«: »Näher und näher wälzt sich der Sturm, auf seinen Flügeln die Revolution«; der ganzen Welt wird das »neue Evangelium des Glückes« verkündet, dessen Artikulation bei Wagner jetzt dem anarchistischen Egoismus Max Stirners ähnelt: »Ich will zerbrechen die Gewalt der Mächtigen, des Gesetzes und des Eigentums. Der eigene Wille sei der Herr des Menschen, die eigene Lust sein einzig Gesetz, die eigene Kraft sein ganzes Eigentum, denn das Heilige ist allein der freie Mensch, und nichts Höheres ist denn er.«

30. April: König Friedrich August II. von Sachsen löst die Kammern auf und bricht die Verfassung. Damit sind die Voraussetzungen zur Erhebung Sachsens gegeben. Röckels »Volksblätter« werden verboten, Röckel flüchtet nach Prag. Aus den Briefen Wagners an Röckel bis zum Ausbruch der Kämpfe geht hervor, daß Wagner sich als Sachwalter der »Volksblätter« empfindet und nötigenfalls bereit wäre, die Redaktion zu übernehmen.

2. Mai: Nach Bekanntwerden der preußischen Zirkularnote vom 28. April verbreiten sich in Dresden Gerüchte von dem nahe bevorstehenden oder schon erfolgten Einmarsch preußischer Truppen in Sachsen und steigern die allgemeine Erbitterung.

3. Mai: Tatsächlich hat die sächsische Regierung preußische Truppen zu Hilfe gerufen. Sächsische Truppen werden in Dresden alarmiert, die (kommunale) Bürgerwehr ausgeschaltet. Nachmittags wird in einer rasch einberufenen Stadtverordnetensitzung durch die Volksvertreter ein Verteidigungsausschuß gegen die fremden Truppen eingesetzt. Vor dem Zeughaus drängt sich die Menge zusammen. Eine Infanterie-Abteilung eröffnet aus dem Hof das Feuer. Die zur Beruhigung und Zerstreuung der Menge anrückende Bürgerwehr wird von den Truppen mit einem Kartätschenschuß empfangen. Die Infanterie feuert auf die Kommunalgarde. Alles flieht. Wagner eilt auf diese Nachrichten hin zum Zeughaus. Ihm begegnen die ersten Verwundeten. Er vernimmt den Ruf: »Zu den Barrikaden! Zu den Barrikaden!« (ML). Er wird von der Menge mitgetrieben zum Rathaus, weiß sich »bis in die Sitzungssäle des Rates der Stadt selbst zu drängen; es schien, als ob es sich hier um eine übereinstimmende Handlung mit den Stadtverordneten handle«, auch in deren Sitzungssaal findet er Einlaß und nimmt dort angeblich »allgemeine Auflösung und Ratlosigkeit« wahr (ML). Nach Röckels in der Haft niedergelegten Bericht (»Sachsens Erhebung«) entsendet der Rat während dieser Vorfälle zwei Deputationen zum königlichen Schloß, der König hält an seinem Verfassungsbruch fest. Wagner begibt sich auch in den folgenden Tagen mehrmals zum Rathaus.

4. Mai: Freitagmorgen um vier Uhr flüchtet der König mit seinen Ministern nach der Festung Königstein. Der Verteidigungsausschuß wird in einen allgemeinen Sicherheitsausschuß erweitert, mit dem Wagner Verbindung hält. Eine provisorische Regierung wird gebildet (Tzschirner, Heubner, Todt). Die provisorische Regierung erläßt die Proklamation des bewaffneten Widerstands. Erste Zusammenstöße mit den Truppen. Wagner läßt in der Druckerei der »Volksblätter« Handzettel drucken: »Seid ihr mit uns gegen fremde Truppen?« und verteilt sie während einer Waffenruhe an die königstreuen sächsischen Soldaten. Durch ein Wunder wird er nicht erschossen. Daß Wagner die Herstellung von Handgranaten in Auftrag gab, ist nicht beweisbar.

5. Mai: Nach nochmaligen vergeblichen Verhandlungen mit einigen zurückgekehrten Ministern Beginn der Kämpfe, die bis zum 8. Mai andauern. Semper überwacht den Barrikadenbau. Von dem Erker ihrer Wohnung feuert Wilhelmine Schröder-Devrient die bewaffnete Bürgerwehr an. Richard Wagner an verschiedenen Stellen der Stadt. Auf dem Heimweg denkt er über ein Drama »Achilleus« nach.

5./6. Mai: Wagner verbringt die Nacht zum Sonntag auf dem Turm der Kreuzkirche und führt philosophische Gespräche mit einem Lehrer Berthold (ML). Ein andrer Zeuge, Professor Thum, will sich mit Wagner lange über antike und christliche Weltanschauung unterhalten haben. Wagners Aufgabe ist es, Truppenbewegungen vor der Stadt zu beobachten und Meldungen an das Rathaus weiterzugeben.

6. Mai: Wagner stellt in den Morgenstunden den Zuzug der Aufständischen nach Dresden fest. Röckel kehrt nach Dresden zurück. Preußische Truppen greifen ein.

7. Mai: Das Dresdner Opernhaus brennt. (Zu Unrecht wird Wagner nach seiner Flucht Brandstiftung zur Last gelegt.) Wagner bringt am frühen Vormittag seine Frau nach Chemnitz zu seiner Schwester Klara Wolfram. Bakunin, sowohl nach Wagners wie nach Röckels Zeugnis ängstlich auf die Verhütung von Menschenopfern bedacht, empfiehlt, die Stadt aufzugeben und sich ins Erzgebirge zurückzuziehen.

7./8. Mai: August Röckel wird in der Nacht zum Dienstag beim Verlassen der Stadt als Rädelsführer verhaftet, später zum Tode verurteilt, zu lebenslänglicher Haft begnadigt und erst 1862 aus dem Zuchthaus Waldheim entlassen. Wagner bleibt während all dieser Jahre mit ihm in Verbindung.

8. Mai: Am Dienstag kehrt Wagner noch einmal allein nach Dresden zurück. Abends Ende der Kämpfe um Dresden.
9. Mai: Wagner verläßt mit Bakunin und Heubner gemeinsam die Stadt, trennt sich aber in Freiburg von ihnen, verfehlt dadurch die provisorische Regierung in Chemnitz und entgeht seiner Verhaftung. Die Nacht verbringt er in einem Gasthof in Chemnitz.
10. Mai: Nachts bringt Heinrich Wolfram, Wagners Schwager, den Flüchtenden nach Altenburg, von wo er mit dem Postwagen die Reise nach Weimar fortsetzt.
13. Mai: Wagner trifft in Weimar ein. Gemeinsam mit Franz Liszt besucht er die Fürstin Karoline von Sayn-Wittgenstein.
14. Mai: Wagner wohnt einer Orchesterprobe zu »Tannhäuser« bei. In einem Brief an seine Frau Minna begründet er, warum er kein eigentlicher Revolutionär sei: »wir sind nur Revolutionäre um auf einem frischen Boden *aufbauen* zu können, nicht das *Zerstören* reizt uns, sondern das *Neugestalten,* und deshalb sind wir nicht die Menschen, die das Schicksal braucht, – diese werden aus der tiefsten Hefe des Volkes entstehen; – wir und unser Herz kann nichts mit ihnen gemein haben. Siehst Du! *So scheide ich mich von der Revolution ...«*
15. Mai: Wagner unternimmt einen Ausflug nach Eisenach und wird dort von der Großherzogin Maria Pawlowna empfangen. Er besucht zum erstenmal die Wartburg.
16. Mai: In Dresden wird folgender »Steckbrief« herausgegeben: »Der unten etwas näher bezeichnete Königl. Capellmeister Richard Wagner von hier ist wegen wesentlicher Theilnahme an der in hiesiger Stadt stattgefundenen aufrührerischen Bewegung zur Untersuchung zu ziehen, zur Zeit aber nicht zu erlangen gewesen. Es werden daher alle Polizeibehörden auf denselben aufmerksam gemacht und ersucht, Wagnern im Betretungsfalle zu verhaften und davon uns schleunigst Nachricht zu ertheilen. Dresden, den 16. Mai 1849. Die Stadt-Polizei-Deputation. von Oppell. Wagner ist 37–38 Jahre alt, mittlerer Statur, hat braunes Haar und trägt eine Brille.«
17. Mai: Wagner kehrt nach Weimar zurück. Am gleichen Tag an Eduard Devrient: »So bin ich denn endlich Revolutionär geworden – wenn nicht mit der Tat, doch mit der

Gesinnung –, und kann zu keiner Freude am Schaffen mehr kommen.«

19. Mai: Der Steckbrief erscheint im »Dresdener Anzeiger«. Aus einem Brief Minnas erfährt Wagner, daß der Steckbrief ergangen ist und eine Hausdurchsuchung stattgefunden hat.

20. Mai: Auf Anraten Liszts begibt sich Wagner als »Professor Werder aus Berlin« in das Dorf und Staatsgut Magdala in Thüringen.

21. Mai: Minna trifft in Magdala ein und feiert mit Wagner am nächsten Tag seinen 36. Geburtstag.

23. Mai: Wagner wandert sechs Stunden zu Fuß nach Jena, wo er nachmittags mit Minna im Haus des Professors Wolff zusammentrifft.

24. Mai: Abschied von Minna. Mit der Absicht, über die Schweiz Paris zu erreichen, reist Wagner mit dem bereits abgelaufenen Paß des Jenaers Professors Widmann über Rudolstadt, Saalfeld, Coburg, Lichtenfels und Nürnberg nach Südwesten. Liszt finanziert die Reise von künftigen »Lohengrin«-Einnahmen.

27. Mai: Wagner erreicht Lindau am Bodensee.

28. Mai: Nach überstandener Paßkontrolle fährt Wagner mit dem Schiff über den Bodensee nach Rorschach und reist weiter nach Zürich.

29. Mai: Klavierlehrer Müller, ein Würzburger Jugendfreund, und dessen Schüler Wilhelm Baumgartner bringen Wagner mit den Staatsschreibern Sulzer und Hagenbuch zusammen. Er liest ihnen »Siegfrieds Tod« vor.

30. Mai: Sulzer und Hagenbuch verschaffen Wagner einen Schweizer Paß. (Er enthält die einzige authentische Größen-Angabe Wagners: 166,5 cm.) Am selben Abend Abreise nach Paris.

31. Mai: Morgens in Basel, nachmittags in Straßburg, starker Eindruck vom Münster. Mit der Eilpost weiter nach Paris.

2. Juni: Morgens in Paris. Rue Notre-Dame de Lorette. Begegnungen mit dem Verleger Schlesinger und mit Meyerbeer, der ihn fragt: »Wollen Sie Partituren für die Barrikaden schreiben?« Wagner trifft den ebenfalls geflüchteten Gottfried Semper und Wilhelm Heine. Pariser Lektüre Wagners: »De la propriété« von Proudhon und »Histoire des Girondins« von Lamartine.

8. Juni: Da in Paris die Cholera wütet, zieht Wagner mit

Liszts Sekretär Belloni nach Rueil. »Acht Tage in Paris genügten, um mich über den gewaltsamen Irrtum aufzuklären, in den ich hineingeworfen worden war. Erlaß es mir, Dir hier umständlich über die empörende Nichtswürdigkeit des Pariser Kunsttreibens, namentlich auch was die Oper betrifft, mich auszulassen« (teilt Wagner am 18. November Ferdinand Heine mit). Liszt sendet das Geld für die Rückfahrt nach Zürich.

6. Juli: Wagner trifft wieder in Zürich ein.

18. Juli: Minna Wagner bezeichnet ihre bevorstehende Übersiedlung nach Zürich als ein schweres Opfer: »Was für einer Zukunft gehe ich jetzt entgegen, was kannst Du mir bieten?« (an Wagner). Beginnende Entfremdung.

Ende Juli: Wagner schreibt seinen grundlegenden Aufsatz »Die Kunst und die Revolution«, mit dem er sich sowohl gegen die Sinnenfeindlichkeit des Christentums wie gegen die Erwerbsgrundlage der gegenwärtigen Kunst wendet. »Ihr wirkliches Wesen ist die Industrie, ihr moralischer Zweck der Gelderwerb, ihr ästhetisches Vorgeben die Unterhaltung der Gelangweilten.« Zugunsten der Reichen sei »Gott Industrie geworden, die den armen christlichen Arbeiter gerade nur so lange am Leben erhält, bis himmlische Handelskonstellationen die gnadenvolle Notwendigkeit herbeiführen, ihn in eine bessere Welt zu entlassen«. Im Gegensatz zur konservativen, im öffentlichen Bewußtsein vorhandenen Kunst der Griechen sei, schreibt Wagner weiter, die echte Kunst heute *»revolutionär,* weil sie nur im Gegensatze zur gültigen Allgemeinheit existiert. (...) Nur die große *Menschheitsrevolution*, deren Beginn die griechische Tragödie einst zertrümmerte, kann auch dieses Kunstwerk uns gewinnen.« »Umfaßte das griechische Kunstwerk den Geist einer schönen Nation, so soll das Kunstwerk der Zukunft den Geist der freien Menschheit über alle Schranken der Nationalitäten hinaus umfassen; das nationale Wesen in ihm darf nur ein Schmuck, ein Reiz individueller Mannigfaltigkeit, nicht eine hemmende Schranke sein.« Die Kunst könne sich nur »auf den Schultern unserer großen sozialen Bewegung zu ihrer Würde erheben«.

August: Als zweites, nicht ausgeführtes Teilstück der Schriften-Trilogie Kunst-Revolution-Zukunft entwirft Wagner auf zwölf Seiten Gedanken über »Das Künstlertum der Zukunft«. Darin heißt es »Zum Prinzip des Kommunismus«: »Klares, geschichtliches Leben« beginne erst mit dem Ende der jetzigen Zustände. Monarchie und erblicher Besitz beruhten auf willkürlicher Erfindung. Die »vollkommenste Befriedigung des Egoismus« sei nur durch seine Verneinung »im Kommunismus« möglich. Schöpferisch sein könne nicht der Einzelne, sondern nur das Volk. Die Wissenschaft sei die höchste Kraft des menschlichen Geistes. Daher die notwendige Aufeinanderfolge: Polytheismus, Christentum, Kommunismus. Wiedervereinigung der Künste im Genie. Aber das Genie entstehe aus der Gemeinsamkeit aller Künstler (veröffentlicht als Fragment in den nachgelassenen Schriften).

Anfang September: Fußreise Wagners von Rapperswyl durch das Toggenburg und Appenzell nach St. Gallen und Rorschach. Dort empfängt er Minna, eine »sehr gealterte Frau« (ML), mit Natalie, Hund und Papagei.

September: Badische Flüchtlinge treffen in der Schweiz ein, in Ungarn ist der Freiheitskampf niedergeschlagen worden. Wagner überarbeitet »Die Wibelungen/Weltgeschichte aus der Sage«.

17. September: Wagners beziehen eine Wohnung in einem der »hinteren Escherhäuser« am Zeltweg in Hottingen. Wagner liest Ludwig Feuerbachs Buch »Gedanken über Tod und Unsterblichkeit« zu Ende, das ihm auf der Flucht in die Schweiz von einem Priester nachdrücklich empfohlen worden ist, und später, weniger interessiert, Feuerbachs »Das Wesen des Christentums«.

4. November: Wagner vollendet die Schrift »Das Kunstwerk der Zukunft«, die er Ludwig Feuerbach widmet. Die »Industrie« töte »den Menschen, um ihn als Maschine zu verwenden«. Gegen den Utilitarismus angehend, erwartet Wagner die »Erlösung des Nützlichkeitsmenschen« in den »künstlerischen Menschen der Zukunft«. Erstmals fällt das Wort vom »Gesamtkunstwerk der Zukunft«, als Gemeinschaft sowohl der Künste wie der kollektiv Mitwirkenden. In der »Genossenschaft aller Künstler« werde auch der Darsteller »in seinem Drange nach künstlerischer Reproduktion der Handlung somit Dichter«. Prof. Bischoff in Köln erfindet daraufhin in der »Niederrheinischen Musikzeitung« das Spottwort von der »Zukunftsmusik«.

4. Dezember: In einem Brief an Ferdinand Heine spricht Wagner ein vorläufiges Schlußwort zu den Dresdner Vorgängen: »Du sagst, ich habe *wahnsinnig hinter mir die Brücke abgebrochen.* Hierin irrst Du; nicht *ich* habe die Brücke abgebrochen, sondern sie ist mit einem ungeheuren Krach ganz von selbst hinter mir zusammengestürzt, und zwar, weil sie ganz schlecht und unhaltsam gebaut war, und mich mit einem Ufer verband, auf dem mir, lebte ich jetzt noch auf ihm, alle Luft zum Atmen vergehen würde. Nicht ich wollte die Sache so weit treiben, sondern sie selbst hat sich – aus innerer unabweisbarer Notwendigkeit so weit getrieben.« Zur Lage: »Die Macht, die aber gegenwärtig das Leben beherrscht«, sei das Geld, »d. i. der abstrahierte und idealisierte Eigennutz«.
Ende des Jahres: Wagner beschäftigt sich mit dem Stoff »Wieland der Schmied«.

Exil in Zürich (1850–1858)

1850

12.–28. Januar: Wagner verfaßt einen Prosaentwurf »Wieland der Schmied« nach der Simrockschen Bearbeitung der Wilkyna-Saga, für Paris zum Verkauf als Libretto bestimmt. Frau Julie Ritter in Dresden will jährlich mit 500 Talern, die Familie Taylor-Laussot in Bordeaux mit 2500 frcs. für seinen Unterhalt aufkommen. Anhaltende Bronchialerkrankung verzögert Paris-Reise.
15. Januar: Wagner dirigiert sein erstes Zürcher Konzert in der »Allgemeinen Musikgesellschaft« mit Beethovens 7. Symphonie.
Januar: Von Liszt, vor allem aber von Minna bedrängt, geht Wagner erneut nach Paris, um Opernpläne zu realisieren.
Februar-April: Wagner trifft den emigrierten Semper wieder, auch Kietz und Anders. Von Meyerbeers Oper »Der Prophet« ist Wagner entsetzt. Er nimmt an einer Wähler-Versammlung der sozialdemokratischen Partei in einer

»Salle de la Fraternité« im Faubourg St. Denis teil, 6000 Besucher; Wagner ist beeindruckt von dem würdigen und zuversichtlichen Auftreten der Linken (ML).

23. Februar: Wagner schreibt den Aufsatz »Kunst und Klima«: Nicht der klimatischen Natur, sondern dem Menschen habe man sich zuzuwenden, um »zu erkennen, was diesen heutigen europäischen Menschen kunstunfähig gemacht« habe; Ursache sei die »gegen alles Klima ganz gleichgültige Zivilisation«.

11. März: Zweiter Prosaentwurf »Wieland der Schmied« beendet.

13. März: »Wäre diese Familie in Bordeaux nicht, und hätten sie nicht während dieser Zeit so für uns gesorgt, – ich glaube, ich lebte nicht mehr!« Wagner klagt über Herzbeschwerden. »Ich hoffe Genesung, wenn ich erst aus dieser wüsten, nutzlosen Pariser Existenz heraus bin!« (an Minna).

14. März: Auf Einladung der Familie Laussot reist Wagner nach Bordeaux.

16. März: Frau Taylor, die Mutter Jessie Laussots, erneuert ihr Hilfsangebot. Die 22jährige Jessie, gebildet, musikalisch, mit einem Weinhändler verheiratet, der ursprünglich ihre Mutter liebte, empfindet Mitleid mit Wagner, dann Liebe; beide fühlen sich unglücklich verheiratet, und Jessie stimmt einem romantischen Fluchtplan nach Griechenland oder Kleinasien zu.

5. April: Wagner kehrt nach Paris ins Hotel »Valois« zurück.

13. April: Minna Wagner bezieht eine neue Wohnung im Haus »Zum Abendstern« in der Gemeinde Enge bei Zürich.

Mitte April: Wagner, dessen Pariser Pläne nicht vorankommen, geht für eine Woche nach Montmorency bei Paris.

16. April: Richard Wagner teilt seiner Frau Minna mit, daß er nicht zu ihr zurückzukehren gedenke und ihr vorschlage, sich von ihm zu trennen. Die Hälfte der jährlichen Unterstützungsgelder sollen ihr zukommen. »Wohin ich gehe, weiß ich nicht! Forsche nicht nach mir!«

21. April: Wagner wendet sich an Liszt mit der Bitte, die Aufführung des »Lohengrin« zu betreiben. Kietz trifft in Montmorency ein und wird in Wagners Pläne, sich von Minna zu trennen, eingeweiht.

24. April: Minna trifft in Paris ein, um eine Aussprache herbeizuführen, wird aber von Kietz dahingehend unterrichtet, Wagner sei bereits abgereist.

25./26. April: Wagner begibt sich über Clermont-Tonerre nach Genf.

nach dem 4. Mai: Wagner hält sich in Villeneuve, Hotel »Byron« auf. Seine Absicht ist, sich mit Jessie in Marseille zu treffen und dann über Malta nach Griechenland und Kleinasien zu reisen. Inzwischen teilt Jessie mit, ihre Mutter habe ihre gemeinsamen Pläne an ihren Mann, Eugène Laussot, verraten, dieser habe die Absicht, Wagner zu erschießen. – Karl Ritter kommt nach Villeneuve.

12. Mai: Von Genf über Lyon und durch die Auvergne reist Wagner nach Bordeaux, um sich mit Eugène Laussot auszusprechen.

15. Mai: Laussot hat sich mit Jessie aufs Land begeben und läßt Wagner in Bordeaux durch die Polizei ausweisen. Wagner trägt einen Brief für Jessie in deren Haus, der ihr aber nicht ausgehändigt wird.

19. Mai: Nach einem Aufenthalt in Lyon trifft Wagner wieder in Villeneuve ein, wo er Frau Julie Ritter und Tochter aus Dresden acht Tage zu Besuch empfängt.

vor dem 3. Juni: »Siegfrieds Tod« wird mit einem Vorwort zum Druck vorbereitet, der jedoch nicht zustandekommt.

Juni: Nach Abreise der Damen Ritter steigt Wagner mit Karl Ritter durch das Walliser Visper-Tal bis Zermatt am Fuße des Matterhorns. In Thun liest er neuerlich die »Odyssee«. Ihn erreicht ein Absagebrief Jessie Laussots. Deren Mutter und Minna haben sich verständigt; Jessie wurden Briefdokumente vorgelegt, die sie zum Verzicht bewogen haben. (Jessie heiratet nach ihrer Trennung von Laussot später den Historiker Karl Hillebrand.) Mrs. Taylor tritt von ihrem Hilfsangebot für Wagner zurück.

2. Juli: Von Thun aus gibt Wagner Liszt Anweisungen zur Aufführung von »Lohengrin«: Nichts dürfe gestrichen werden.

3. Juli: Nach brieflicher Verständigung kehrt Wagner zu Minna nach Zürich zurück.

12. August: Wagner beginnt mit einer Kompositionsskizze zu zwei Szenen von »Siegfrieds Tod«, die er nicht weiterführt, deren motivisches Material er aber später übernimmt.

18. August: Honoré de Balzac stirbt in Paris.

vor dem 22. August: Angeregt von dem Ausdruck »hebräischer Kunstgeschmack« in einer Kritik der »Neuen Zeitschrift für Musik« verfaßt Wagner den in der Hauptsache gegen Meyerbeer gerichteten, 20-seitigen Aufsatz »Das Judentum in der Musik« und veröffentlicht ihn unter K. Freigedank bei Brendel in Leipzig. Wagner behauptet, die »nachäffende Sprache unserer jüdischen Musikmacher« nütze die Verwirrung des Geschmacks. »Jener berühmte Opernkomponist« (nämlich Meyerbeer) verdanke seine Erfolge nur dieser Täuschung des Publikums. Wie in der Synagoge, dürfe während seiner Aufführungen in Paris geschwatzt werden. Wer die Erkenntnis des gegenwärtigen »gedanken- und gefühllosen Schlendrians« scheue, gehöre in die Kategorie der »Judenschaft in der Musik«. Der Jude sei nur des Unechten fähig. Erlösungswerk: »Aufhören, Jude zu sein«, »die Erlösung Ahasvers«.
28. August: Goethe-Feier im Großherzoglichen Hoftheater zu Weimar. Prolog von Franz Dingelstedt. Danach Uraufführung des »Lohengrin«. Dirigent: Franz Liszt. Die Aufführung dauert fünf Stunden. Unter den Kritikern erstmals ein begeisterter Franzose: Gérard de Nerval. Wagner verbringt den Abend nach einem Aufstieg zum Rigi mit Minna im Luzerner Gasthof »Zum Schwan«.
14. September: An Ernst Benedikt Kietz erste Andeutung der Festspiel-Idee. Besäße er 10 000 Taler, schreibt Wagner, würde er aus Brettern ein Theater errichten und »Siegfrieds Tod« spielen lassen, dreimal in einer Woche, »worauf dann das Theater abgebrochen wird und die Sache ihr Ende hat«.
nach Beginn der Herbstsaison: Karl Ritter versagt als Dirigent bei einer ersten Theaterprobe; Wagner, der für seinen Schüler die Garantie übernommen hat, muß einspringen und dirigiert den »Freischütz« in Zürich.
7. Oktober: Der auf Veranlassung Wagners von Karl Ritter aus dem Haus des Vaters im Thurgau »entführte« Hans von Bülow trifft nach zweitägigem Fußmarsch in Zürich ein und beginnt dort seine Laufbahn als Dirigent.
22. Oktober: An den Dresdner Freund, den Kammermusiker Theodor Uhlig, schreibt Wagner: »Glaubst Du, daß sich ein Mensch noch *um die Politik* schlagen wird? (...) Ich sage Dir – nicht eine Hand rührt sich für die Demokratie, weil jede politische Revolution überhaupt unmöglich geworden

ist. (...) Mit völligster Besonnenheit und ohne allen Schwindel versichere ich Dir, daß ich an keine andere Revolution mehr glaube, als an die, die mit dem Niederbrande von Paris beginnt.«
Herbst: Wagner dirigiert mehrfach am Zürcher Theater. Seine Einsicht in die Unmöglichkeit, »Siegfrieds Tod« musikalisch auszuführen, beginnt zu wachsen.
Dezember: Ritter und Bülow verlassen Zürich und betätigen sich, Ritter ohne Erfolg, als Dirigenten in St. Gallen; Bülow geht Ostern 1851 als Schüler zu Liszt nach Weimar.
Winter: Aus einem Artikel über das Wesen der Oper entwikkelt sich Wagners theoretisches Hauptwerk »Oper und Drama«.

1851

10. Januar: Urschrift »Oper und Drama« einschließlich Vorwort abgeschlossen. Wagner spricht darin über das neue Verhältnis von Dichtkunst und Tonkunst im Musikdrama, über Mythos und Leitmotiv. Die Schlußseiten bedeuten ihm eine Art Testament. »Der Erzeuger des Kunstwerkes der Zukunft ist niemand anderes als der Künstler der Gegenwart, der das Leben der Zukunft ahnt, und in ihm enthalten zu sein sich sehnt.«
ab Jahresanfang: Umgang mit Georg Herwegh, der allerdings bei der zwölf Abende dauernden Vorlesung von »Oper und Drama« ausbleibt. Allmählich findet Wagner bei ihm Verständnis für seine »gewagtesten Entwürfe und Ansichten« (ML).
11. Februar: Letzte Hand an der Schrift »Oper und Drama«.
9. März: Über Minna: »ich bin ihr innerlich fremd« (an Liszt).
17. April: Wagner schließt die kleine Schrift »Ein Theater in Zürich« ab, in der er originale Leistungen, unabhängig vom Pariser Vorbild, fordert.
ziwschen 3. und 10. Mai: Konzeption und Niederschrift der ersten Prosaskizze des »Jungen Siegfried«.
24. Mai bis 1. Juni: Wagner verfaßt den großen Prosaentwurf zum »Jungen Siegfried«.

3.–24. Juni: Wagner schreibt das vollständige Textbuch des »Jungen Siegfried« nieder.
2. Juli: »Ich verlange mit Leidenschaft nach der Revolution, und nur die Hoffnung, sie noch zu erleben und sie mitzumachen, gibt mir eigentlich Lebensmut« (an Kietz).
5. Juli: Theodor Uhlig wird von Wagner und Ritter in Rorschach empfangen. Alle drei wandern durch das Appenzeller Ländchen über den Hohen Säntis, Rapperswyl, zurück zum Zürcher See.
zwischen 9. und 15. Juli: Wagner beginnt seine autobiographische Abhandlung »Eine Mitteilung an meine Freunde« niederzuschreiben, die eine entscheidende Lebenswende anzeigen soll.
23. Juli: Thema des Walkürenritts auf einem Albumblatt.
30. Juli: Wagner und Uhlig, vertieft in Gespräche über Politik, die Zustände in Dresden und Wagners Pläne, wandern zu den Stätten der Tell-Sage, über Brunnen, Grütli, Beckenried, Stans, Engelberg, Surennenpaß, Amsteg ins Maderanertal, zum Hüfligletscher und über Flüelen zurück.
6. August: Wagner und Uhlig treffen wieder in Zürich ein.
10. August: Uhligs Abschied für immer.
Mitte August: »Eine Mitteilung an meine Freunde« beendet. Wagner erklärt darin, begriffen werde er nur von denen, die ihn auch als Mensch liebten; an der politischen Welt nehme er nur teil, indem er »ihren rein menschlichen Inhalt« erblikke. Künstlerisch habe er sich von den historischen »Verhältnissen« weg auf »das von aller Konvention losgelöste Reinmenschliche« (im Mythos) hingewendet und sein künstlerisches Vermögen ganz »auf das Auszudrückende« gerichtet, »bis zur allmählichen gänzlichen Aufhebung der mir überlieferten Opernform«. Das bringe Veränderungen »in Bezug auf die charakteristische Verbindung und Verzweigung der thematischen Motive«. Ankündigung des »Rings«: »An einem eigens dazu bestimmten Feste gedenke ich dereinst im Laufe dreier Tage mit einem Vorabende jene drei Dramen nebst dem Vorspiele aufzuführen.« Die Schrift endet mit einem Dank an Liszt und dem Versprechen: »nur *mit meinem Werke* seht ihr mich wieder!«
24. August: An den inhaftierten August Röckel: »Dieser Nibelungenhort bildet ein ungemeines bedeutsames Moment: Verbrechen aller Art haften an ihm.«

15. September: Wagner begibt sich, geschwächt durch Darmträgheit und Gesichtsrose, in die Wasserheilanstalt Albisbrunn im Kanton Zürich. Eine Zeitlang werden Wasserkur, Diät und Abstinenz seine »neue Religion« (ML).
zweite Hälfte September: Minna Wagner leitet den Umzug nach Zeltweg 11, Erdgeschoß.
12. Oktober: »Mit dem Siegfried noch große Rosinen im Kopfe: drei Dramen mit einem dreiaktigen Vorspiele« (an Theodor Uhlig). Der »Ring« entwickelt sich aus dem Schlußteil. Das Ungenügen, sich auch im »Jungen Siegfried« nicht deutlich genug ausgesprochen zu haben, zwingt Wagner zurück zu den Uranfängen des Mythos.
Spätherbst: Karl Ritter in Albisbrunn. Seine Mutter, Julie Ritter, setzt Wagner eine jährliche Rente von nunmehr 800 Talern aus, die bis 1859 gezahlt wird.
zwischen 3. und 11. November: Die erste Prosaskizze zu »Rheingold« entsteht.
zwischen 11. und 20. November: Wagner schreibt die erste Prosaskizze zur »Walküre« nieder.
12. November: »Mit dieser meiner neuen Konzeption trete ich gänzlich aus allem Bezug zu unserem heutigen Theater und Publikum heraus: ich breche bestimmt und für immer mit der formellen Gegenwart«, schreibt Wagner an Theodor Uhlig. »An eine *Aufführung* kann ich erst *nach der Revolution* denken, erst die Revolution kann mir die Künstler und die Zuhörer zuführen, die nächste Revolution muß notwendig unserer ganzen *Theaterwirtschaft* das Ende bringen: sie müssen und werden alle zusammenbrechen, dies ist unausbleiblich. Aus den Trümmern rufe ich mir dann zusammen was ich brauche: ich werde, was ich bedarf, *dann* finden. Am Rheine schlage ich dann ein Theater auf, und lade zu einem großen dramatischen Feste ein: nach einem Jahre Vorbereitung führe ich dann im Laufe von *vier* Tagen mein ganzes Werk auf. Mit ihm gebe ich den Menschen der Revolution dann die *Bedeutung* dieser Revolution, nach ihrem edelsten Sinne, zu erkennen. *Dieses* Publikum wird mich verstehen; das jetzige kann es nicht.«
23. November: Wagner kehrt von Albisbrunn nach Zürich zuruck.
2. Dezember: Staatsstreich Louis Napoleons.
17. Dezember: Zwischen Wagner und Herwegh wird »im

Beisein und unter Teilnahme« Karl Ritters ein »Entschluß gefaßt«, der der »Ausgangspunkt einer neuen Wendung der Weltgeschichte werden kann«. Wagner werde nur noch in dieser Richtung literarisch wirken, zu einem Zweck, »den keine reactionäre Macht der Welt zu hindern vermögen wird«. Worum es sich bei diesem Entschluß handelt, teilt der Brief an Theodor Uhlig (vom folgenden Tage) nicht mit.
30. Dezember: »Meine ganze Politik ist nichts weiter mehr als der blutigste Haß unsrer ganzen Civilisation. Verachtung alles dessen, was ihr entsprießt, und Sehnsucht nach der Natur. (...) Daß ich je etwas auf die Arbeiter, als Arbeiter, gab, muß ich jetzt empfindlich büßen: mit ihrem Arbeitergeschrei sind sie die elendsten Sklaven, die jeder in die Tasche stecken kann, der ihnen heute recht viel ›Arbeit‹ verspricht. In allem wurzelt bei uns der Knechtssinn: daß wir *Menschen* sind, weiß keiner in ganz Frankreich außer höchstens etwa Proudhon – und auch der nur unklar! – im ganzen Europa sind mir aber die Hunde lieber als diese hündischen Menschen. An einer *Zukunft* verzweifle ich dennoch nicht; nur die furchtbarste und zerstörendste Revolution kann aber aus unsern civilisierten Bestien wieder ›Menschen‹ machen. Ich denke jetzt viel an Amerika! Nicht als ob ich das Rechte dort finden würde, sondern weil dort leichter zu pflanzen ist –« (an Ernst Benedikt Kietz).

– Giuseppe Verdis Oper »Rigoletto« in Venedig uraufgeführt.

1852

Winter: Wagner dirigiert wiederum drei Zürcher Beethoven-Konzerte, u. a. mit der Musik zu »Egmont«, der Coriolan-Ouvertüre, einmal auch mit der Ouvertüre zu »Tannhäuser«.
zweite Hälfte Februar: Wagner bereitet die Aufführung von Mozarts »Don Giovanni« vor, nachdem er in Zürich bereits den »Freischütz«, Boieldieus »Weiße Dame« und Bellinis »Norma« dirigiert hat. Nach einer Begegnung in der Wohnung von Marschall von Bieberstein in Zürich treten Otto Wesendonk, Teilhaber einer New Yorker Seidenfirma, 37 Jahre alt, und seine dreiundzwanzigjährige Frau Mathilde

– von einem Beethoven-Konzert Wagners angerührt – erstmalig in seinen Gesichtskreis.

Frühjahr: Weitere Aufzeichnungen zu »Rheingold« und »Die Walküre«. Besuch Hermann Francks aus Dresden, Gespräch über die »Welt-Ereignisse« (ML) und das Röckel zugefügte Unrecht.

21. März: »Ich bin immer nervenleidend, und werde es wohl nicht sehr lange mehr machen« (an Franziska, Tochter seines Bruders Albert Wagner).

23.–31. März: Wagner schreibt den großen Prosaentwurf zu »Rheingold« nieder.

25. April bis 2. Mai: Wagner dirigiert in Zürich vier Aufführungen des von ihm einstudierten »Fliegenden Holländers«.

12. Mai: Wagner und Minna beziehen die mit schöner Aussicht auf See und Gebirge auf dem Zürichberg gelegene Pension »Rinderknecht« in Zürich-Fluntern. Wagner besucht von hier aus erstmalig in Mariafeld in der Gemeinde Meilen bei Zürich das Herwegh befreundete Publizisten- und Dichter-Ehepaar Dr. François und Eliza Wille, zu deren Kreis auch Theodor Mommsen, Semper, Gottfried Keller und der junge Conrad Ferdinand Meyer gehören.

17.–26. Mai: Der große Prosaentwurf zur »Walküre« entsteht.

31. Mai: »Jetzt habe ich auch den vollständigen Entwurf zur ›Walküre‹ fertig: morgen geht's an die Verse. Ich bin wieder mehr wie je ergriffen von der umfassenden Großartigkeit und Schönheit meines Stoffes; meine ganze Weltanschauung hat in ihm ihren vollendetsten künstlerischen Ausdruck gefunden. (...) Sind die Verse fertig, so werde ich von dann ab wieder ganz Musiker, um – dann dereinst nur noch – Aufführer zu sein!« (an Theodor Uhlig).

1. Juni bis 1. Juli: Wagner verfaßt die Urschrift der »Walküre«.

2. Juli: »Die beiden Siegfriede müssen jetzt stark überarbeitet werden, namentlich in allem, was den eigentlichen Göttermythos betrifft, denn dieser hat nun eine allerdings viel präzisere und ergreifendere Physiognomie gewonnen. Auf die Musik aber freue ich mich doch gewaltig!« (an Theodor Uhlig).

7. Juli: Wagner und Minna kehren in ihre Zürcher Wohnung zurück.

10. Juli: Wagner tritt, von der Arbeit erschöpft, eine längere Erholungsreise von Alpnach am Vierwaldstätter See nach Süden an, vorwiegend zu Fuß, und besteigt dabei mit Bergführern mehrere Gletscher.
12. Juli: Er erreicht Interlaken.
13. Juli: Über das Faulhorn nach Meiringen, weiter über Grimselhorn, Aargletscher, Sidelhorn, von wo sich ihm der Blick auf Montblanc und Monte Rosa bietet, den Griesgletscher ins Formazzatal, nach Domodossola und Baveno am Lago Maggiore.
20. Juli: Von Pollanza unternimmt Wagner einen Abstecher nach den Borromeischen Inseln und reist dann nach Locarno und Bellinzona weiter.
21. Juli: In Lugano. Wagner läßt Minna nachkommen, auch Herwegh und Dr. François Wille treffen ein. Nochmals zu den Borromeischen Inseln. Nach Trennung von Herwegh und Wille mit Minna über den Simplon nach Chamonix, Mer de Glace, die Flégère und Genf.
5. August: Wagner und Minna kehren nach Zürich zurück.
August: Die Theater in Prag, Berlin, Breslau, Schwerin und Wiesbaden bewerben sich um die Aufführung des »Tannhäuser«.
23. August: Um die Aufführungen an den deutschen Theatern, die für ihn unerreichbar sind, zu beeinflussen, schreibt Wagner »Über die Aufführung des ›Tannhäuser‹. Eine Mitteilung an die Dirigenten und Darsteller dieser Oper«. Hauptaugenmerk wird auf die bisher vernachlässigte Übereinstimmung von Szene und Musik gelenkt: »So ersuche ich den szenischen Dirigenten, namentlich auch darauf zu halten, daß die szenischen Vorgänge auf das bestimmteste mit den sie begleitenden Zügen des Orchesters zusammentreffen.«
September/Oktober: Wagner befindet sich in schlechter Verfassung, er beklagt sich über sein unfruchtbares »Gedankenleben« mit »Kunst à la distance« (an Kietz) und über die »hiesige Einöde« (an Liszt). Er erhält Besuch von Liszts Sekretär Belloni aus Paris. Dort ist im Sommer eine Presse-Kampagne gegen Wagner geführt worden, die das Interesse an seinem Werk, vor allem am »Tannhäuser«, vermehrt hat.
15. September bis 3. November: Urschrift der gesamten »Rheingold«-Dichtung.

9. November: »Hier muß ich in allerkürzester Zeit verderben« (an Liszt).
12. November: Auf drei Notenzeilen eines Autographenalbums schreibt Wagner erneut das »Walküren«-Thema nieder, das früheste, vermutlich bereits aus der Dresdner Zeit (1849) stammende Leitmotiv des »Rings«.
15. Dezember: Nachdem bereits der »Junge Siegfried« nochmals überarbeitet worden ist, wird auch die Überarbeitung von »Siegfrieds Tod« abgeschlossen. Beide Werke erhalten erst später (1856) ihre endgültigen Titel: »Siegfried« und »Götterdämmerung«. Die durch skizzenhafte Bemerkungen von 1849 und Mai 1851 vorbereitete Wendung ins Tragische (Wotans Ende) wird konsequent durchgeführt: Todeserlösung, Untergang der Götter, Brand Walhalls. Damit ist die gesamte Dichtung zum »Ring des Nibelungen« vollendet.
18. Dezember: Mit Georg Herwegh begibt sich Wagner nach Mariafeld zum Ehepaar Wille. Noch am gleichen Tag findet die Vorlesung der gesamten Texte von »Rheingold« und »Walküre« für Eliza Wille, deren Schwester Henriette von Bissing und Georg Herwegh statt.
19. Dezember: Am Vormittag wird die Vorlesung mit »Siegfried« fortgesetzt, abends »Götterdämmerung«. »Ich glaubte Grund zu haben, mit dem Eindrucke zufrieden zu sein, namentlich die Frauen begaben sich in anständiger Erregung jedes Gespräches darüber. Mir verblieb leider eine fast beängstigende Aufregung davon; ich war schlaflos und des andren Tages gegen jede Unterhaltung so scheu, daß niemand meinen eiligen Abschied begriff. Nur Herwegh, welcher mich zurückbegleitete, schien meine Stimmung zu empfinden und teilte sie durch gleiches Schweigen« (ML).
22. Dezember: Wagner beendet die »Bemerkungen zur Aufführung der Oper ›Der fliegende Holländer‹«, in denen er vor allem den Darstellern die Rollen erklärt.

– Napoleon III. Kaiser der Franzosen.

1853

3. Januar: Theodor Uhlig, Geiger, Musiktheoretiker und Komponist, der auch den Klavierauszug zu Wagners »Lohengrin« arrangiert hat, stirbt mit einunddreißig Jahren in Dresden.

gegen Mitte Februar: Der Privatdruck der »Ring«-Dichtung erscheint in 50 von Wagner bezahlten Exemplaren, die an Freunde versandt werden, u. a. an Röckel und Liszt. Wagner bittet Liszt, die Erlaubnis für seine Rückkehr nach Deutschland zu erwirken. Liszt hat jedoch wenig Hoffnung.

15. Februar: Über die erste Aufführung des »Tannhäuser« in Frankfurt am Main schreibt das »Frankfurter Conversationsblatt«: »Wagners Musik ist eine große musikalische *Sünde,* welche ihm das Publikum ebensowenig verzeihen wird, als dem Tannhäuser der Sage dereinst seine Sünden verziehen werden.«

16.–19. Februar: Wagner liest an vier aufeinanderfolgenden Abenden im Saal des Zürcher Hotels »Baur au Lac« den »Ring des Nibelungen« vor. Einige Gäste sind geladen, aber zu seiner Überraschung vermehren sich die Zuhörer von Mal zu Mal.

22. Februar: Wagner unterbreitet seinen Vorschlag, Zürcher »Sonderkonzerte« mit Auszügen aus seinen Werken zu veranstalten.

30. März: Nochmals richtet Wagner eine Bitte an Liszt, »von Seiten des weimarischen Hofes einen definitiven Schritt« zu veranlassen, um zu prüfen, ob Aussicht auf seine Rückkehr bestehe. Obwohl daraufhin offensichtlich am sächsischen Hof interveniert wird, erneuert die Dresdner Polizei den Haftbefehl und wiederholt die steckbriefliche Ausschreibung.

15. April: Wagner zieht von Zeltweg 11 in die größere Wohnung Zeltweg 13, 2. Stock. Auf Grund der erwarteten Theatereinnahmen wird die Wohnung kostspielig eingerichtet.

8. Mai: Robert Schumann in einem Brief an Carl von Bruyck: »Wagner ist, wenn ich mich kurz ausdrücken soll, kein guter Musiker, es fehlt ihm an Sinn für Form und Wohlklang.«

18., 20. und 22. Mai: Die drei Zürcher Sonderkonzerte – erste »Wagner-Festspiele« – haben einen beispiellosen Erfolg. Unter Hinzuziehung auswärtiger Sänger und Instrumentalisten, für deren Bezahlung Wesendonk aufkommt, dirigiert Wagner Ausschnitte aus »Der fliegende Holländer«, »Tannhäuser« und »Lohengrin« sowie den Friedensmarsch aus »Rienzi«. Als Auftakt wird das Vorwort zu den drei Dichtungen verlesen. Die Zürcher Presse feiert das »Musikfest« und bezeichnet Wagners Werke als »mirakulös«.

29. Mai: Wagner komponiert eine Polka für Mathilde Wesendonk.

10. Juni: In einem Brief an Ferdinand Heine äußert Wagner die Hoffnung, auch seinen »Ring des Nibelungen« in Zürich aufführen zu können.

20. Juni: Die Reinschrift einer »Sonate für Mathilde Wesendonk« wird übersandt. Sie trägt das Motto des Nornen-Textes: »Wißt Ihr wie das wird?« Mathilde, von Zürich abwesend, äußert sich brieflich an Minna: Das Motto sei schwer zu entschlüsseln. – Wagner und Minna reisen abends ab nach Interlaken, wo sie mit den Schwestern Ritter-Kummer zusammentreffen.

1. Juli: Wagner und Minna in Begleitung der Schwestern Ritter-Kummer wieder zurück in Zürich.

2. Juli: Wagner bereitet Liszt in Zürich einen herzlichen Empfang. Wagner erinnert sich später der »fast betäubenden Freudentage« (ML) dieses Besuches.

6. Juli: Herwegh, Liszt und Wagner unternehmen einen Ausflug nach Brunnen am Vierwaldstätter See.

7. Juli: Auf dem Rütli trinken Liszt, Wagner und Herwegh aus den drei Quellen Brüderschaft. Liszt stimmt dem Gedanken eines Bühnenfestspiels in Zürich zu und verspricht Unterstützung.

10. Juli: Franz Liszt verläßt Zürich.

13. Juli: Die Sonderkonzerte haben ein Nachspiel. Der Zürcher Gesangverein ehrt Wagner durch einen Fackelzug zum Zeltweg.

14. Juli: Mit Herwegh begibt sich Wagner zur Kur nach St. Moritz. In Chur aufgehalten, liest Wagner den »Westöstlichen Diwan«.

16. Juli: Von Chur kommend, erreichen Wagner und Herwegh den Julier-Paß. Hier bietet sich Wagner die Stätte, in der er sich Wotan und Fricka vorstellen könnte. (»Rheingold«: »Freie Gegend auf Bergeshöhen«.)

23. Juli: Unter Führung des Schulmeisters von Samaden queren Wagner und Herwegh den Rosegg-Gletscher, mit dem erhabenen Eindruck der »Heiligkeit der Öde« (ML), der Wagners Vorstellungskraft erneut auf den »Ring« lenkt. (»Siegfried«: »Selige Öde auf wonniger Höh«.)

Anfang August: In St. Moritz vertieft sich Wagner in Goethes »Wahlverwandtschaften«.
10. August: Wagner und Herwegh kehren nach Zürich zurück.
16. August: Wagner äußert in einem Brief an Liszt, die Leute wüßten ihn nicht richtig zu lesen. »Es wäre sonst ganz unmöglich, daß als Frucht von allen meinen Bemühungen diese unglückliche ›Sonderkunst‹ und ›Gesamtkunst‹ herausgekommen wäre.«
24. August: Wagner verläßt Zürich. Er begibt sich auf eine von Otto Wesendonk finanzierte Italienreise, die ihn zunächst über Bern, Genf und Chambéry zum Mont Cenis führt.
29. August: Er erreicht Turin, wo er abends eine Aufführung von Rossinis »Barbier von Sevilla« besucht.
31. August: Gegen Abend in Genua eintreffend, erblickt Wagner vom 6. Stockwerk seines Hotels zum erstenmal das Mittelmeer. Sein Gesundheitszustand verschlechtert sich.
4. September: Von Dysenterie und Seekrankheit geschwächt, erreicht Wagner morgens mit dem Dampfschiff La Spezia.
5. September: Nachmittags in La Spezia, auf dem Sofa seines Hotelzimmers liegend, steht ihm mit visionärer Deutlichkeit das »Rheingold«-Vorspiel vor Augen, die Geburt seiner »Ring«-Musik aus dem Es-dur-Akkord. »Mit der Empfindung, als ob die Wogen jetzt hoch über mich dahinbrausten, erwachte ich in jähem Schreck aus meinem Halbschlaf. (...) Sogleich beschloß ich, nach Zürich zurückzukehren und die Komposition meines großen Gedichtes zu beginnen« (ML).
6.–10. September: Die Italienreise wird abgebrochen, von Genua aus tritt Wagner die Rückfahrt über Alessandria, Novara und den St. Gotthard nach Zürich an.
6. Oktober: Noch vor Aufnahme der Kompositionsarbeit reist Wagner zu einem verabredeten Treffen nach Basel. Dort gesellen sich, vom Karlsruher Musikfest kommend, abends hinzu: Franz Liszt, Hans von Bülow, der in diesem Jahr seine Konzertreisen als Pianist begonnen hat; der Violinvirtuose Josef Joachim, der Wagner wegen dessen Schrift »Das Judentum in der Musik« befangen gegenübertritt, was Wagner zu einem »besonders teilnahmvollen Abschiedswort und einer herzlichen Umarmung Joachims« (ML) anregt; ferner der Komponist Peter Cornelius, Richard Pohl, Dionys

Pruckner, Eduard Remenyi und am nächsten Tag die Fürstin Karoline von Sayn-Wittgenstein mit ihrer Tochter Marie. Wagner beginnt wieder mit Vorlesungen aus dem »Ring des Nibelungen«.
9. Oktober: Wagner trifft mit Liszt und der Fürstin von Sayn-Wittgenstein in Paris ein und setzt die Lesungen aus dem »Ring« fort.
10. Oktober: Wagner diniert mit Liszt und seinen drei Kindern, wobei er die nicht ganz sechzehnjährige Cosima zum erstenmal sieht. Wagner schließt sich in Paris einem Theaterbesuch von Meyerbeers »Robert le diable« an. Zu den Lesungen aus dem »Ring« findet sich auch Berlioz ein.
20. Oktober: Minna Wagner kommt nach Paris. Wagner sieht Kietz und Anders wieder und hört Beethovens letzte Quartette.
28. Oktober: Wagner und Minna wieder in Zürich.
1. November: Fließend, lediglich unterbrochen von einer fiebrigen Erkältung, schreibt Wagner in neun Wochen die vollständige Kompositionsskizze des »Rheingold« nieder, erstmals sofort auf Partiturblättern. Aus dem Es-dur-Dreiklang und dem mhd. heilawâc (»heilige Woge«) entwickelt sich die musikalische und textliche Bewegung des Werkes.

– Schopenhauers praktisch vergessenes Hauptwerk »Die Welt als Wille und Vorstellung« wird durch einen englischen Kommentar plötzlich in Europa populär. Arthur Graf Gobineaus »Versuch über die Ungleichheit der Menschenrassen« beginnt zu erscheinen (4 Bde. bis 1856). Verdis »Troubadour« wird in Rom, »La Traviata« in Venedig uraufgeführt.

1854

14. Januar: »Rheingold«-Komposition fertig skizziert. (In den »Annalen« und in »Mein Leben«: 16. Januar.) »Glaub' mir, so ist noch nicht komponiert worden: ich denke mir, meine Musik ist furchtbar« (an Liszt).
20. Januar: Über Mathilde Wesendonk: »Die anmutige Frau bleibt mir treu und ergeben« (an Julie Ritter).
25. Januar: In einer Interpretation des »Rings« für August Röckel entwickelt Wagner einen Gedanken, der später zu

Unrecht dem Einfluß Schopenhauers zugeschrieben wird: »Wir müssen sterben lernen, und zwar sterben im vollständigsten Sinne des Wortes; (...) Wodan schwingt sich bis zu der tragischen Höhe, seinen Untergang – zu wollen. Dies ist alles, was wir aus der Geschichte der Menschheit zu lernen haben: das Notwendige zu wollen und selbst zu vollbringen. (...) Mit der Zeit denke ich dir auch die Komposition mitteilen zu können. Für jetzt nur so viel, daß sie zu einer fest verschlungenen Einheit geworden ist. Das Orchester bringt fast keinen Takt, der nicht aus vorangehenden Motiven entwickelt ist...«

1. Februar bis 28. Mai: Die Urschrift der »Rheingold«-Partitur entsteht. Wagner dirigiert einige Orchesterkonzerte, in denen auch die Ouvertüre zu »Iphigenie in Aulis« von Gluck gespielt wird.

15. Februar: Parallel zur Urschrift beginnt Wagner mit der Zweitschrift (Reinschrift) der »Rheingold«-Partitur.

Frühjahr: »Ungenügende Einkünfte. Finanzielle Bedrängnis« (AN). Die erwarteten Theatereinnahmen bleiben aus, Wechsel werden fällig.

31. Mai: Gelegenheitskomposition »Züricher Vielliebchen / Walzer, Polka oder sonst 'was«.

17. Juni: Wagner beendet den Aufsatz »Glucks Ouvertüre zu Iphigenie in Aulis«.

Ende Juni: »Minna (Beginn des Herzleidens) zur Molkenkur nach Sälisberg« (AN).

28. Juni bis Juli: Wagner arbeitet an der Kompositionsskizze zum I. Akt der »Walküre«.

3. Juli: Wagner bricht nach Sitten im Kanton Wallis auf, um beim Eidgenössischen Musikfest als Dirigent mitzuwirken. – Leoš Janáček in Hochwald (Mähren) geboren.

10. Juli: Enttäuscht von den vorgefundenen Verhältnissen, vor allem von dem dürftigen Orchester, verläßt Wagner Sitten, ohne dirigiert zu haben. Über Genf, Lausanne, Montreux, Bern und Luzern begibt er sich zu Minna nach Sälisberg, um mit ihr die Rückreise nach Zürich anzutreten.

26. Juli: Otto Wesendonk an Staatsschreiber Sulzer: »Soviel ist klar: ihm selbst darf kein Geld in die Hand gegeben werden... Von Anfang an hatte ich schon vor, die Fonds an Madame Wagner zu geben, es schien mir aber zu demütigend...«

29. Juli: Wagner und Minna wieder in Zürich.
3. August bis 1. September: Wagner führt die unterbrochene Kompositionsarbeit am I. Akt der »Walküre« zu Ende. Verzweifelte Stimmung wegen wachsender Geld-Schwierigkeiten.
4. September bis 18. November: Die Kompositionsskizze zum II. Akt »Walküre« entsteht.
Anfang September: Minna Wagner begibt sich nach Deutschland, um Dresden, Weimar, August Röckel im Zuchthaus Waldheim und den Intendanten Botho von Hülsen in Berlin aufzusuchen.
September/(Oktober): Von Herwegh aufmerksam gemacht, vertieft sich Wagner in die Lektüre von Schopenhauers Hauptwerk »Die Welt als Wille und Vorstellung«. »Ich blickte auf mein Nibelungen-Gedicht und erkannte zu meinem Erstaunen, daß das, was mich jetzt in der Theorie so befangen machte, in meiner eigenen poetischen Konzeption mir längst vertraut geworden war. So verstand ich erst selbst meinen Wotan und ging nun erschüttert von neuem an das genauere Studium des Schopenhauerschen Buches« (ML). Wagner liest es bis zum Sommer des folgenden Jahres viermal.
14. September: Wagner beziffert Sulzer gegenüber seine Schulden auf insgesamt 10 000 frcs., die zu erwartenden Einnahmen aus »Tannhäuser« und »Lohengrin« auf 21 000 frcs. Wesendonk geht auf die Begleichung dieser Rechnung ein und überträgt Sulzer die Verwaltung.
26. September: Wagner beendet die Partiturreinschrift des »Rheingold«.
Herbst: Wagner unternimmt einen »Ausflug mit Wesendonks. Glarus, Stachelberg, Klönthal, Pragel, Schwyz, Brunnen; bei Goldau Trennung – jene auf Rigi, ich nach Zürich« (AN).
Oktober: Vergebliches Gesuch Minnas an den gerade gekrönten König Johann von Sachsen: »Möchten Ewer Majestät meinen Mann, den Verführten Richard Wagner, Gnade und Vergebung schenken und vergönnen, den Aufführungen seiner Werke selbst beiwohnen zu können.«
Ende Oktober: Erste Ideen-Konzeption von »Tristan und Isolde«. »Es war wohl zum Teil die ernste Stimmung, in welche mich Schopenhauer versetzt hatte, und die nun nach einem ekstatischen Ausdruck ihrer Grundzüge drängte, was

mir die Konzeption eines ›Tristan und Isolde‹ eingab« (ML). Die frühe Kenntnis Gottfried von Straßburgs und der Tristan-Gedichte, die Lektüre von Schlegels »Lucinde« sowie die schwelende Leidenschaft für Mathilde Wesendonk und das Bedürfnis, sich »musikalisch auszurasen« (gesprächsweise 1878), sind für die Konzeption des Werkes ebenso hoch zu veranschlagen.

Anfang November: Minna Wagner kehrt nach Zürich zurück.

20. November bis 27. Dezember: Die Kompositionsskizze zum III. Akt der »Walküre« entsteht.

8. Dezember: Lehre von der unbefleckten Empfängnis Mariä öffentlich verkündet.

16. Dezember: Noch einmal über Schopenhauer: »Sein Hauptgedanke, die endliche Verneinung des Willens zum Leben, ist von furchtbarem Ernste, aber einzig erlösend. Mir kam er natürlich nicht neu ...« (an Liszt). Zugleich erläutert Wagner seine Konzeption von »Tristan«: »Da ich nun aber doch im Leben nie das eigentliche Glück der Liebe genossen habe, so will ich diesem schönsten aller Träume noch ein Denkmal setzen, in dem von Anfang bis zum Ende diese Liebe sich einmal so recht sättigen soll: ich habe im Kopf einen Tristan und Isolde entworfen, die einfachste, aber vollblutigste Konzeption; mit der ›schwarzen Flagge‹, die am Ende weht, will ich mich dann zudecken, um – zu sterben. –«

30. Dezember: In einem Brief an Julius Frauenstädt berichtet Schopenhauer, er habe eine Einladung nach Zürich abgelehnt, wo er sich in einem Kreis von Verehrern habe präsentieren sollen. Daraufhin habe ihm Richard Wagner den »Ring des Nibelungen« geschickt, »eine Folge von vier Opern, die er einst komponieren will – wohl das eigentliche Kunstwerk der Zukunft: scheint sehr phantastisch zu sein; habe erst das Vorspiel gelesen: werde weitersehen. Kein Brief dabei, sondern bloß eingeschrieben: ›aus Verehrung und Dankbarkeit‹.« Schopenhauer versieht Wagners Privatdruck mit Randglossen, antwortet ihm aber nicht und bleibt auch seiner Musik gegenüber ablehnend. Zu Freunden Wagners, wie Dr. François Wille, äußert er später, Wagner sei ein Dichter und solle die Musik an den Nagel hängen.

– Verbot aller Arbeitervereine in Deutschland.

Anfang Januar: Mit Unterbrechungen entsteht bis April die Partitur des I. Akts »Walküre«.
9. Januar bis Februar: Wagner dirigiert in Zürich Konzerte mit Beethovens Septett, den Symphonien 5 und 7, sowie den Ouvertüren zu Mozarts »Zauberflöte«, Glucks »Iphigenie in Aulis« und Webers »Freischütz«.
17. Januar: Die auf Anregung Liszts begonnene Überarbeitung des Pariser Faust-Fragments zur »Faust-Ouvertüre« wird beendet.
Februar: Die von Wagner dirigierte Zürcher »Tannhäuser«-Aufführung endet mit seiner öffentlichen Erklärung, man möge der üblen Beschaffenheit des Theaters abhelfen – »worüber denn alles sehr erstaunt war« (ML).
20. Februar: Im letzten Abonnements-Konzert, das Wagner in Zürich dirigiert, wird auch die »Faust-Ouvertüre« gespielt.
25. Februar: Auf Einladung der Old Philharmonic Society begibt sich Wagner auf eine Konzertreise nach London, über Paris, wo er sich mit Kietz trifft.
2. März: In London eingetroffen, bezieht Wagner eine Wohnung an Portland Terrace und lernt den Musikpädagogen Ferdinand Praeger, einen Freund Röckels, sowie den französischen Konzertmeister Sainton und den Musiker Lüders näher kennen.
12. März bis 25. Juni: Wagner dirigiert acht Londoner Konzerte, u. a. mit Werken von Mozart, Beethoven, Weber und Spohr. Ungenügen an der zu geringen Probenzahl und Ärger über die zum Teil unfreundliche Reaktion der Presse führen zu einer tiefen Verstimmung.
3. April: In London beendet Wagner die Partiturerstschrift des I. Akts »Walküre«.
5. April: Karl Klindworth, Pianist und Klavierpädagoge, fünfundzwanzigjährig (später Adoptivvater der 1897 geborenen Winifred Williams, die Wagners Sohn Siegfried 1915 heiratet und von 1930 bis 1944 die Bayreuther Festspiele leitet), spielt in London Liszts Klaviersonate h-moll so leidenschaftlich, daß Wagner »auf das tiefste davon ergriffen« ist (an Liszt).

7. April: Wagner beginnt die Partiturerstschrift vom II. Akt »Walküre«.
17. April: Wagner teilt Minna mit, er habe Mendelssohns »Italienische Symphonie« in weißen Glacéhandschuhen dirigiert, und »wie es zur Euryanthe-Ouvertüre kam, zog ich die Handschuhe aus«. Wagners Gegner bringen das mit den in seiner Schrift »Über das Judentum in der Musik« geäußerten Ansichten in Zusammenhang.
25. April: Karl Klindworth spielt Wagner aus dem Klavierauszug den I. Akt der »Walküre« vor.
April bis Juni: Erste Begegnung mit Malvida von Meysenbug. Wagner trifft Semper, den ebenfalls in London dirigierenden Berlioz und Giacomo Meyerbeer wieder. Hermann Franck kommt zu Besuch und stirbt kurz darauf mit seinem Sohn unter nie geklärten Umständen im Seebad Brighton. Wagner leidet unter Erkältungen. Er liest jeden Tag einen Gesang im Dante und bezieht das »Inferno« auf seine jetzige Situation.
4. Mai: Wagner glaubt zum wiederholten Male, in einem Brief Minnas Mißtrauen gegen Mathilde Wesendonk zerstreuen zu müssen.
16. Mai: »Ich lebe hier wie ein Verdammter in der Hölle. So tief habe ich nicht geglaubt wieder sinken zu müssen!« (an Liszt).
19. Mai: In einem Brief an Minna gratuliert Wagner sich selber zum Geburtstag: »Im wunderschönen Monat Mai / kroch Richard Wagner aus dem Ei: / ihm wünschen, die zumeist ihn lieben, / er wäre besser drin geblieben.«
11. Juni: Im 7. Londoner Konzert, in dem auch die »Tannhäuser«-Ouvertüre gespielt wird, empfangen Königin Victoria und Prinzgemahl Albert den in Deutschland von der Polizei gesuchten Wagner.
25. Juni: Das letzte Konzert endet mit Ovationen für Wagner. Am Abschiedsbankett nehmen auch Sainton, Klindworth, Praeger, Lüders und Berlioz teil.
30. Juni: Mit einem Rest von 1 000 Franken Honorar kehrt Wagner nach Zürich zurück.
13. Juli: Wagner und Minna begeben sich zur Erholung auf den Seelisberg am Vierwaldstätter See, wo Wagner am nächsten Tag mit der Reinschrift der »Walküre«-Partitur beginnt.
um den 15. August: Wagner und Minna kehren nach Zürich

zurück. »Jetzt ist nun seit fast zwei Jahren alles um mich verstummt und alle meine Berührungen mit der Außenwelt sind nur verstimmend und beängstigend« (an Liszt).
18. August bis 20. September: Die in London unterbrochene Arbeit an der Partiturerstschrift von »Walküre« II wird fortgesetzt und beendet.
Herbst: Die Anfälle von Gesichtsrose oder nervöser Allergie häufen sich.
8. Oktober: Wagner beginnt mit der Partiturerstschrift des III. Akts »Walküre«.
6. Dezember: »erst beim Componieren geht mir das eigentliche Wesen meiner Dichtung auf« (an Liszt).
Dezember: Wagner erkennt enttäuscht Georg Herweghs dichterische Untätigkeit und Unfähigkeit, nachdem er ihn zu einer episch-dramatischen Dichtung anzuregen versucht hat. »Tristan und Isolde« wird nunmehr bestimmter konzipiert. »Von einem Spaziergange heimkehrend, zeichnete ich eines Tages mir den Inhalt der drei Akte auf, in welche zusammengedrängt ich mir den Stoff für künftige Verarbeitung vorbehielt. Im letzten Akte flocht ich hierbei eine, jedoch später nicht ausgeführte Episode ein: nämlich einen Besuch des nach dem Gral umherirrenden Parzival an Tristans Siechbette. Dieser an der empfangenen Wunde siechende und nicht sterben könnende Tristan identifizierte sich in mir nämlich mit dem Amfortas im Gral-Romane. – Für jetzt konnte ich mir die Gewalt antun, dieser Konzeption nicht weiter nachzuhängen, um mich in meiner großen musikalischen Arbeit nicht stören zu lassen« (ML).

– Gustav Freytag: »Soll und Haben«.

1856

Winter: Der Kreis um Wagner und die Wesendonks vergrößert sich: Gottfried Semper ist an das Polytechnikum berufen worden; der Schriftsteller und Theoretiker Friedrich Theodor Vischer aus Tübingen lehrt an der Technischen Hochschule Zürich; Gottfried Keller, dessen »Grüner Heinrich« (54/55) vorliegt, ist in die Schweiz zurückgekehrt und berichtet in seinen Briefen an Freunde von Januar bis April mehrfach von seinem wachsenden Umgang mit Wagner, den er als genial und kurzweilig bezeichnet.

7. Januar: Erste Aufführung des »Tannhäuser« in Berlin.

17. Februar: Heinrich Heine stirbt in Paris.

20. März: Wagner beendet die Partiturerstschrift des III. Akts »Walküre«.

23. März: Wagner vollendet die fast parallel dazu ausgeführte Reinschrift der »Walküren«-Partitur.

13. April: Wagner schreibt an Liszt, er sei bereit zuzugeben, daß er sich hinsichtlich seiner Beteiligung am Dresdner Aufstand »jetzt als damals im Irrtum befangen und von Leidenschaft hingerissen erscheine, wenn gleich ich mir bewußt wäre, nicht eigentliche, dem richterlichen Spruche zuzuweisende Verbrechen begangen zu haben, so daß es mir schwer fallen müßte, ein solches einzugestehen«; im Fall einer Begnadigung wäre er zu einer Erklärung erbötig, »insofern ich nur meine innere, geläuterte und berichtigte Ansicht kundzugeben hätte, die mir die Dinge dieser Welt gegenwärtig in einem Lichte zeigt, in welchem ich sie früher nicht sah, und mich in jeder Hinsicht einzig auf meine Kunst, nimmermehr aber auf irgend ein Feld der politischen Speculation weist«.

26. April: Wagner empfängt Wesendonks und spielt ihnen den I. Akt der »Walküre «vor.

6. Mai: Sigmund Freud in Freiberg/Mähren geboren.

16. Mai: Wagner verfaßt eine Prosaskizze zu einem buddhistischen Drama »Die Sieger«, das die Verzichts- und Entsagungsthematik beinhaltet. Er richtet ein Gnadengesuch an den König von Sachsen.

zweite Hälfte Mai: Tichatscheks besuchen Wagner zwölf Tage in Zürich. Mit ihnen unternimmt er einen Ausflug nach Brunnen am Vierwaldstätter See. Dreizehnter Rückfall von Gesichtsrose.

5. Juni: Wagner verläßt Zürich, um einen Luftkurort aufzusuchen.

7. Juni: In Genf eingetroffen, rät ihm der Arzt zu Mornex in der Nähe des Mont Blanc.

10. Juni: Wagner bezieht in Mornex den Gartenpavillon der Villa Latard.

17. Juni: Wagner zieht in die benachbarte Wasserheilanstalt Dr. Vaillant um, der auf nervöse Allergie erkennt und eine erfolgreiche Behandlung beginnt.

26. Juni: Der Bayreuther Max Stirner stirbt in Berlin.
29. Juli: Robert Schumann stirbt in der Anstalt Endenich bei Bonn.
16. August: Wagner verläßt Mornex geheilt.
18. August: Zusammenkunft mit Otto und Mathilde Wesendonk in Bern.
um den 20. August: Wagner kehrt nach Zürich zurück, wo sich seine Schwester Klara Wolfram als Gast einfindet. Mit ihr unternimmt er einen Ausflug an den Vierwaldstätter See.
vor dem 22. September: Wagner beginnt mit der Kompositionsskizze zum I. Akt »Siegfried«. In zunehmendem Maße fühlt er sich am Zeltweg durch die unruhige Umgebung gestört. So kommt es wiederholt zu Zusammenstößen mit einem gegenüber wohnenden Blechschmied, der ihm dann durch sein Hämmern das Motiv zu Siegfrieds Wutausbruch gegen Mime eingibt (g-moll-Thema, I. Akt).
22. September: Wagner beginnt mit der Orchesterskizze zu »Siegfried« I.
11. Oktober: Wagner nimmt die Arbeit an der Partitur von »Siegfried« I auf.
13. Oktober: Franz Liszt trifft zu Besuch in Zürich ein, einige Tage darauf die Fürstin Karoline von Sayn-Wittgenstein mit ihrer Tochter Marie. An der gesellschaftlichen Betriebsamkeit der Fürstin – sie versammelt im Hotel Baur au Lac einen großen Kreis von Professoren um sich – nimmt Wagner Anstoß. In seinem Beisein kommt es zwischen Liszt und Ritter zu einem politischen Zerwürfnis, woraufhin Ritter sich für längere Zeit zurückzieht. Liszt spielt Wagner aus seinen vollendeten »Faust«- und »Dante«-Symphonien vor. Wagner glaubt Abänderungsvorschläge zum Schluß der »Dante«-Symphonie machen zu müssen, die Liszt dankbar zu akzeptieren scheint, aber nicht ausführt. Wagner nimmt in dieser Zeit Einflüsse der Lisztschen Harmonik auf.
22. Oktober: Feier von Franz Liszts 53. Geburtstag im Hotel Baur au Lac mit einer improvisierten »Aufführung« des I. Akts der »Walküre« vor einer großen Gesellschaft, mit Wagner zugleich als Siegmund und Hunding, Frau Emilie Heim als Sieglinde und Liszt am Flügel.
23. November: Wagner und Liszt, die mit Herwegh in St. Gallen, Gasthof »Zum Hecht«, abgestiegen sind, treten in St. Gallen gemeinsam als Konzertdirigenten auf. Liszt dirigiert

»Orpheus« und »Les Préludes«, Wagner Beethovens »Eroica«.

27. November: Wagner und Minna begleiten Liszt und die Fürstin bis Rorschach und kehren dann nach Zürich zurück.

1. Dezember: Wagner nimmt die unterbrochene Arbeit an der Kompositionsskizze von »Siegfried« I wieder auf.

19. Dezember: Konzeption und Niederschrift der ersten musikalischen Themen zu »Tristan und Isolde«: Liebesszene II. Akt und das chromatisch aufsteigende Sehnsuchtsmotiv auf einem Skizzenblock. Wagner hält den »Tristan« aber immer noch für ein »einfaches Werk« zum schnellen Geldverdienen.

1857

20. Januar: Bei schlechter Gesundheit und unter Störungen schließt Wagner die Kompositionsskizze von »Siegfried« I ab. Ihn beschäftigt der Gedanke an »Tristan« und »Die Sieger«, sowie an das von Wesendonk in Aussicht gestellte Grundstück neben der im Bau befindlichen Villa des Kaufmanns.

5. Februar: Orchesterskizze zu »Siegfried« I beendet.

8. Februar: Wagner gedenkt die Instrumentierung des I. Akts noch auszuführen. »An die Wiederaufnahme der Composition kann ich hier aber nicht mehr denken; ich habe in der letzten Zeit durch die – musikalische und unmusikalische – Unruhe meiner Wohnung zu sehr gelitten« (an Liszt).

15. Februar: Offener Brief an die Prinzessin Marie Wittgenstein »Über Franz Liszts Symphonische Dichtungen« mit einer sachlich kühlen Würdigung der künstlerischen Tat Liszts (Auflösung der Form).

9. März: Der Brasilianer Dr. Ernesto Ferreira-França, in Dresden wohnend, bedrängt Wagner in einem längeren Briefwechsel, »Tristan« als italienische Oper zu komponieren, sie in Rio de Janeiro aufzuführen und Kaiser Dom Pedro II. von Brasilien zu widmen.

31. März: Während eines Besuchs von Mathilde Wesendonk vollendet Wagner die Partiturerstschrift von »Siegfried« I.

10. April: Am Karfreitag hält sich Wagner, wahrscheinlich noch während der Umbauarbeiten, erstmals in dem Gartenhaus neben der Wesendonkschen Villa in der »Enge« ober-

halb Zürichs auf. Der Karfreitagsgedanke und das Morgenidyll mahnen ihn an Wolframs »Parzival«-Dichtung: »Seit jenem Aufenthalte in Marienbad, wo ich die ›Meistersinger‹ und ›Lohengrin‹ konzipierte, hatte ich mich nie wieder mit jenem Gedichte beschäftigt; jetzt trat sein idealer Gehalt in überwältigender Form an mich heran, und von dem Karfreitags-Gedanken aus konzipierte ich schnell ein ganzes Drama, welches ich, in drei Akte geteilt, sofort mit wenigen Zügen flüchtig skizzierte« (ML). Erste Prosa-Skizze, verschollen.
20. April: Wagner und Minna logieren vorübergehend im Hotel.
28. April: Einzug in das »Asyl« neben der noch unfertigen Wesendonk-Villa auf dem »Grünen Hügel«. Wesendonk stellt das Haus auf Lebenszeit für 800 Franken jährlicher Miete zur Verfügung.
8. Mai: Wagner schildert Liszt seinen Umzug, der bei »furchtbarem Wetter und Kälte« vor sich ging. Alles sei »für die Dauer hergerichtet und eingeräumt«, mit eleganter Behaglichkeit. »Ruhe und Ungestörtheit umgibt mich.«
12. Mai: Wagner beginnt die Partiturreinschrift der fertigen Teile von »Siegfried«.
22. Mai: Wagner beginnt, nach anregenden Spaziergängen im nahen Sihltal, mit der Kompositionsskizze zum eigentlichen Naturstück des »Rings«, dem II. Akt »Siegfried«.
18. Juni: Wagner beginnt die Orchesterskizze zu »Siegfried« II mit dem Vermerk: »(Tristan bereits beschlossen)«.
27. Juni: Arbeit am »Siegfried« abgebrochen.
28. Juni: Wagner teilt Liszt mit, er habe seinen Siegfried in die Waldeinsamkeit geleitet, ihn dort »unter der Linde gelassen und mit herzlichen Tränen von ihm Abschied genommen«; er werde jetzt den »Tristan« in kleinen, eine Aufführung »erleichternden Dimensionen« ausführen und hoffe, daß ein »durchaus praktibles Opus – wie der Tristan werden wird –« ihn für einige Zeit flott erhalten werde.
30. Juni: Eduard Devrient, Theaterdirektor in Karlsruhe, trifft zu Besuch in Zürich ein.
1. Juli: Semper, Herwegh, Devrient und Wesendonks sind Tischgäste Wagners, der über Devrients Vorschlag spricht, den »Tristan« in Karlsruhe aufzuführen. Devrient liest aus Shakespeares »Julius Cäsar« vor.
2. Juli: Nachmittags sind Gottfried Keller, Wesendonks und

Devrient zu Gast. Devrient liest Szenen aus Goethes »Faust«.
3. Juli: Devrient reist ab und verspricht, sich in Karlsruhe für den »Tristan« einzusetzen.
13. Juli: Noch einmal nimmt Wagner die Arbeit am »Siegfried« auf und führt die Komposition des II. Aktes weiter.
30. Juli: Es gelingt Wagner, auch die Kompositionsskizze von »Siegfried« II zu Ende zu führen.
vor August: Skizze einer ursprünglich gedachten Tonfolge für den »Tristan« und Urskizze der Dichtung im Taschenbuch.
9. August: Nach Beendigung der Orchesterskizze von »Siegfried« II. Akt legt Wagner den »Ring des Nibelungen« endgültig beiseite. Ferdinand Praeger besucht Wagner in Zürich, mit ihm reist Wagner nach Schaffhausen und besichtigt den Rheinfall.
18. August: Hans von Bülow und Cosima Liszt werden in Berlin getraut.
20. August: Wagner beginnt mit dem Prosaentwurf zu »Tristan und Isolde«, dem sofort die Urschrift der Dichtung folgt.
22. August: Wesendonks beziehen die neue Villa auf dem von Wagner so genannten »Grünen Hügel« oberhalb Zürichs.
nach dem 22. August: Der Liederkomponist und Musikpädagoge Robert Franz aus Halle an der Saale stattet Wagner einen Besuch ab, hält sich aber vorwiegend bei Wesendonks auf.
5. September: Bülows Hochzeitsreise führt nach Zürich und verursacht ein erstmaliges Zusammentreffen der drei Frauen Minna, Mathilde und Cosima in einer Tischrunde. Wagner spielt, während auch Eliza Wille zu Gast ist, aus »Siegfried« vor. Die Frauen sind beeindruckt; Cosima, um ihr Urteil befragt, weint.
18. September: Wagner vollendet die Urschrift der »Tristan«-Dichtung und überreicht sie Mathilde Wesendonk, die den Ausbruch von Leidenschaftlichkeit darin auf sich bezieht, während Cosima sich mehr und mehr verschließt.
28. September: Hans und Cosima von Bülow reisen nach Berlin zurück und nehmen eine vollständige Abschrift der »Tristan«-Dichtung mit.
1. Oktober: Wagner beginnt »Tristan und Isolde« zu kom-

ponieren. Er entwirft zunächst die Kompositionsskizze zum I. Akt, in der sich, Wagner noch unbewußt, eine neue Harmonik entfaltet. Beginn der musikalischen Moderne.
30. November: Wagner beginnt mit den zur »Tristan«-Welt gehörenden Gesängen nach Texten von Mathilde Wesendonk; seltener Fall von Vertonung fremder Vorlagen. Er beendet zuerst die Reinschrift des Liedes »Der Engel«.
4.–5. Dezember: Reinschrift des Liedes »Träume«.
17.–19. Dezember: Reinschrift des Liedes »Schmerzen«.
Winter: Wagner liest Calderón. Gottfried Keller nimmt die Vorlesung der »Tristan«-Dichtung beifällig auf, Semper dagegen bemängelt ihren zu großen Ernst.
23. Dezember: Wagner bringt morgens Mathilde Wesendonk in der benachbarten Villa die orchestrierten »Träume« als Geburtstagsständchen dar.
31. Dezember: Wagner beendet die Kompositionsskizze des I. Akts »Tristan und Isolde« und überreicht sie Mathilde Wesendonk mit Widmung an den »Engel«, der ihn »so hoch erhoben«.

– Wilhelm Raabe: »Die Chronik der Sperlingsgasse«. Adalbert Stifter: »Nachsommer«. Gustave Flaubert: »Madame Bovary«.

1858

14. Januar: »Nachbarliche Verwirrung« (AN), da es zwischen dem Ehepaar Wesendonk zu einer Auseinandersetzung gekommen ist und der Konflikt zwischen den Frauen sich zuspitzt. Wagner zieht es vor, vorübergehend das »Asyl« zu verlassen.
15. Januar: Auf dem Weg nach Paris gerät er in Straßburg zufällig in eine Aufführung der »Tannhäuser«-Ouvertüre.
16. Januar: Wagner findet in Paris die hektische Atmosphäre kurz nach dem Attentat Orsinis auf Napoleon III. vor.
Ende Januar: Wagner hört in Paris erstmals die »Jahreszeiten« von Haydn und trifft mit Hector Berlioz zusammen, der ihm die »Trojaner« vorliest.
3.–6. Februar: Nach einem Besuch bei Kietz, der Gast des Weinhändlers Chandon in Epernay ist, trifft Wagner wieder in Zürich ein.

nach dem 6. Februar: Wagner nimmt die Arbeit an der Partitur des I. Akts von »Tristan und Isolde« wieder auf. Zu seiner Lektüre gehören Calderón, Lope de Vega und Cervantes.

22. Februar: Reinschrift des Liedes »Sausendes, brausendes Rad der Zeit«.

31. März: Wagner gibt im Treppenhaus der Villa Wesendonk vor zahlreichen Gästen ein Beethoven-Konzert.

7. April: Nach einer vorangegangenen Verstimmung zwischen Wagner und Mathilde Wesendonk, ausgelöst durch eine Auseinandersetzung über Goethes »Faust«, sendet Wagner einen Brief an Mathilde Wesendonk ins Nachbarhaus, der in eine Bleistiftskizze des »Tristan«-Vorspiels eingerollt ist. In ihm heißt es: »Daß Goethe für die philisterhafte Akkomodation an die Welt hergerichtet werden konnte, beruht zwar schließlich auf dem Mißverständnis des Dichters; daß es aber doch geschehen *konnte,* hält mich in wachsamer Bedenklichkeit gegen ihn und namentlich gegen seine Ausleger und Zurechtmacher.« Nach einer Warnung, aus Faust »einen edelsten Menschentypus machen zu wollen«, schreibt Wagner am Schluß: »Heut' komm' ich in den Garten; sobald ich Dich sehe, hoffe ich einen Augenblick Dich ungestört zu finden! – Nimm meine ganze Seele zum Morgengruße! –« Minna fängt den Boten ab und erbricht den Brief. Sie verlangt eine Erklärung und setzt Wesendonks ohne Wagners Wissen in Kenntnis. Ein Skandal kann gerade noch vermieden werden.

15. April: Wagner bringt Minna nach dem Kurort Brestenberg am Hallwyler See und setzt danach seine Besuche bei den Wesendonks zunächst fort.

23. April: Wagner macht sich den (von Otto Wesendonk erhobenen) Vorwurf, Minna »von der Reinheit dieser Beziehungen« nicht hinreichend belehrt zu haben; »vergiß von dem Vorgefallenen, was Dir unerklärlich zu bleiben scheint« (an Minna).

1. Mai: Reinschrift des zu den Wesendonk-Gesängen gehörenden Liedes »Im Treibhaus«, in dem die Musik zum Vorspiel des letzten Aktes »Tristan« anklingt.

3. Mai: Der von Frau Erard in Paris Wagner geschenkte Flügel trifft in Zürich ein und begleitet ihn später auch nach Venedig und Luzern.

4. Mai: Mit dem Vermerk »Noch im Asyl« beginnt Wagner die Arbeit an der Kompositionsskizze zum II. Akt »Tristan«.
20. Mai: Der aus Warschau stammende, noch nicht siebzehnjährige Liszt-Schüler Karl Tausig trifft bei Wagner in Zürich ein. Er gehört – wie Samuel Lehrs Jude – von nun an zu den engsten persönlichen Freunden Wagners und wird später Begründer des Bayreuther Patronatvereins.

22. Mai: Wagner feiert mit Minna seinen 45. Geburtstag.
Ende Mai: Minna Wagner für kurze Zeit nach Zürich. Sie schreckt vor dem bloßen Gedanken einer Scheidung zurück.

Juni: Wagner versucht, den persönlichen Umgang mit den benachbarten Wesendonks unter Beibehaltung freundschaftlicher Beziehungen abzubrechen.
23. Juni: In Luzern spricht Wagner mit dem Großherzog Karl Alexander von Sachsen-Weimar über die Möglichkeit einer Weimarer »Ring«-Aufführung.

1. Juli: Beendigung der Kompositionsskizze zu »Tristan« II.

5. Juli: Beginn der Orchesterskizze »Tristan« II.

6. Juli: »Die ungeheuren Kämpfe, die wir bestanden, wie könnten sie enden, als mit dem Siege über jedes Wünschen und Begehren?« (an Mathilde Wesendonk).

10. Juli: Der Tenor Tichatschek erneut zu Gast bei Wagners.

11.–12. Juli: Auch der Tenor Albert Niemann mit seiner Verlobten, der Schauspielerin Seebach, besuchen Wagner im »Asyl«.
15. Juli: Minna, von Wagner abgeholt, kehrt aus Brestenberg nach Zürich zurück, um den Haushalt aufzulösen, da die endgültige Räumung des »Asyls« nach Abreise der letzten Gäste beschlossene Sache ist.
21. Juli: Hans und Cosima von Bülow sind noch einmal Gäste Wagners, dazu Ritter und, nach einigen Tagen, Cosimas Mutter, die Gräfin d'Agoult.

Ende Juli: Der Pianist Karl Klindworth in Zürich. Er begleitet Wagner in dessen Hause beim Vortrag aller Partien aus »Rheingold« und »Walküre«.
16. August: Hans von Bülow begleitet Wagner beim Abschied von Mathilde Wesendonk in die benachbarte Villa, dann reisen Bülows ab, »Hans in Tränen aufgelöst, Cosima düster schweigend« (ML). Minna Wagner beschließt, die Räumung des Hauses selbst zu überwachen, und erregt in

den nächsten Wochen Aufsehen durch den öffentlich angezeigten Verkauf von Wirtschaftsgegenständen.
17. August: Wagner verläßt das »Asyl« und erreicht mit der Bahn abends Genf.
25. August: Wagner bricht von Genf nach Venedig auf. Er reist über Lausanne und, mit Karl Ritter, über den Simplon, den Lago Maggiore und Mailand.
29. August: Wagner und Karl Ritter erreichen Venedig, »Hotel Danieli«.
30. August: Wagner bezieht den Palazzo Giustiniani am Canal Grande als einziger Mieter und läßt die Räume neu tapezieren. Von nun an arbeitet er vormittags regelmäßig, unternimmt nachmittags Spaziergänge, ißt im Albergo San Marco und verbringt die Abende in Gesellschaft Karl Ritters und des Fürsten Dolgoruki. Er denkt an eine Ausarbeitung der »Sieger« und wird durch die Rufe der Gondolieri zur Klageweise des Hirten im III. Akt »Tristan« angeregt. Der Aufenthalt in Venedig wird getrübt durch Furunkulose und Gastritis sowie die ihm bekannt werdende Polizeibeobachtung.
2. September: Minna Wagner verläßt Zürich »geräuschvoll, mit üblen Folgen« (ML), sie schreibt an Mathilde Wesendonk: »Geehrte Frau! Mit blutendem Herzen muß ich Ihnen vor meiner Abreise noch sagen daß es Ihnen gelungen ist meinen Mann nach beinahe 22jähriger Ehe von mir zu trennen. Möge diese edle Tat zu Ihrer Beruhigung, zu Ihrem Glück beitragen.«
3. September: Wagner notiert in seinem Tagebuch für Mathilde Wesendonk: »Hier wird der Tristan vollendet – allem Wüten der Welt zum Trotz. Und mit ihm, darf ich, kehre ich dann zurück, Dich zu sehen, zu trösten, zu beglücken!«
15. Oktober: Wagner nimmt die Arbeit an der Orchesterskizze zum II. Akt »Tristan« wieder auf.
November: Wagner wird von einer längeren Krankheit geplagt, er liest Historisches und Biographien, auch Schopenhauer.
8. Dezember: »Seit gestern beschäftige ich mich wieder mit dem Tristan. Ich bin immer noch im zweiten Akte. Aber – was wird das für Musik! Ich könnte mein ganzes Leben nur noch an dieser Musik arbeiten. (...) So etwas habe ich denn doch noch nicht gemacht: aber ich gehe auch ganz in dieser Musik auf; ich will nichts mehr davon hören, wann sie fertig

werde. Ich lebe ewig in ihr« (in seinem Tagebuch für Mathilde Wesendonk).
22. Dezember: Giacomo Puccini in Lucca geboren.

– Franz Liszt tritt von seinem Amt als Weimarer Hofkapellmeister zurück. Peter Cornelius: »Der Barbier von Bagdad«.

Neue Wanderschaft (1859–1863)

1859

2. Januar: Wagner schreibt an Liszt, ihm sei nicht die Amnestierung am wichtigsten, sondern eine gesicherte Existenz. »Ich kann und werde nie eine Anstellung, oder was dem irgend gleich käme, annehmen. Was ich dagegen beanspruche, ist die Fixierung einer ehrenvollen und reichlichen Pension, lediglich und einzig zu dem Zweck, ungestört und gänzlich unabhängig von äußeren Erfolgen, meine Kunstwerke schaffen zu können.«
1. Februar: Wagners Ausweisung aus Venedig wird verfügt. Durch Vermittlung des Polizeichefs kann eine Fristverlängerung beim Generalgouverneur der Lombardei, dem österreichischen Erzherzog Maximilian (späteren Kaiser von Mexiko) erwirkt werden.
Februar: Wagners Anträge an den Intendanten Lüttichau in Dresden, zu seiner Amnestierung beizutragen, und an den Justizminister, werden ablehnend beschieden (10. März).
2. März: »Dann trieb ich viel Philosophie, und bin darin auf große, meinen Freund Schopenhauer ergänzende und berichtigende Resultate gelangt ...« (an Mathilde Wesendonk).
9. März: Wagner vollendet die Orchesterskizze zu »Tristan« II.
10. März: »Endlich bin ich gestern mit meinem zweiten Akte, dem großen, Allen so bedenklichen (musikalischen) Problem fertig geworden, und weiß es auf eine Art gelöst, wie noch keines. Es ist der Gipfel meiner bisherigen Kunst« (an Mathilde Wesendonk).

18. März: Wagner beendet auch die Partitur des II. Akts »Tristan«.
24. März: Wagners Abreise von Venedig ist unaufschiebbar geworden. Cavour und Garibaldi beunruhigen die Österreicher, Wagner versucht, dem Ausbruch bewaffneter Auseinandersetzungen zuvorzukommen.
25. März: Wagner besichtigt in Mailand Leonardo da Vincis »Abendmahl«, besucht abends die Scala und bemerkt hinsichtlich der Oper die »große Demoralisation des italienischen Kunstgeschmackes« (ML). An Mathilde Wesendonk schreibt er: »Venedig dünkt mich bereits wie ein Märchentraum. – Sie werden einmal einen Traum hören, den ich dort zum Klingen gebracht habe!«
26. März: Wagner bricht von Mailand, über das bereits der Belagerungszustand verhängt ist, über Como, Lugano und den Gotthard nach Luzern auf.
28. März: Wagner trifft in Luzern ein und wohnt im Hotel »Schweizerhof«.
2. April: Für einen Tag reist Wagner nach Zürich und ist dort Gast im Hause Wesendonks, »in keiner Weise befangen« (ML).
9. April: Wagner nimmt die Arbeit an der Kompositionsskizze des III. Akts »Tristan« auf.
10. April: »Der dritte Akt ist begonnen. Mir ist dabei recht deutlich, daß ich nie etwas Neues mehr erfinden werde: jene eine höchste Blütenzeit hat in mir eine solche Fülle von Keimen getrieben, daß ich jetzt nur immer in meinen Vorrat zurückzugreifen habe, um mit leichter Pflege mir die Blume zu erziehen« (an Mathilde Wesendonk).
30. April: Nachdem die italienisch-französischen Truppen die Österreicher besiegt haben, bekennt Wagner: »Denken Sie sich, daß ich allen Patriotismus zu verlieren fürchte, und mich heimlich freuen könnte, wenn die Deutschen wieder tüchtige Schläge bekämen. Der Bonapartismus ist ein accutes, vorübergehendes Leiden für die Welt, – die deutsch-österreichische Reaction aber ein chronisches, dauerndes« (an Mathilde Wesendonk).
April bis Juni: Wagner ersetzt die vormittäglichen Spaziergänge durch einen Ausritt auf einem alten Hotelpferd.
1. Mai: Die Orchesterskizze zum III. Akt »Tristan und Isolde« wird begonnen.

9. Mai: In der Kompositionsarbeit des III. Akts von »Tristan und Isolde« vollzieht sich ein entscheidender Umschlag in die Kontrapunktik zweier Themen: Beginn einer neuen Polyphonie.
7. Juni: Wagner wird morgens auf dem Rigi durch das Alphorn geweckt. Dies regt ihn zu der lustigen Weise an, mit der im letzten Akt des »Tristan« Isoldes Schiff angekündigt wird.
16. Juli: Wagner beendet die Kompositionsskizze des III. Akts »Tristan«.
19. Juli: Vollendung der parallel geführten Orchesterskizze »Tristan« III.
ab Ende Juli: Baumgartner und der Komponist Felix Draeseke sind Gäste Wagners in Luzern, ebenso der russische Komponist und Kritiker A. N. Serow. Mit Draeseke besteigt Wagner den Pilatus.
6. August: Wagner vollendet nachmittags halb fünf Uhr, in Gegenwart Draesekes, die Partitur von »Tristan und Isolde« und erwartet den Besuch Wesendonks. Am gleichen Tag findet die Dresdner Erstaufführung des »Lohengrin« statt.
6. September: Wagner begibt sich nach Zürich und verbringt dort drei Tage »wohlgepflegt« (ML) im Hause Wesendonks. Geldsorgen und die beabsichtigte Ansiedlung in Paris veranlassen Wagner, Otto Wesendonk für 6000 Franken die Publikationsrechte des »Rings« zu verkaufen. Bei Wesendonks sieht er Herwegh, Keller und Semper wieder. Zwischen Semper und Keller kommt es zu einem heftigen Wortwechsel über den österreichisch-französischen Konflikt, da Semper in dem »besiegten Österreich das unterliegende deutsche Nationalprinzip« (ML) erkennt. Wagner vermittelt zwischen beiden, nimmt aber nicht Sempers Partei.
10. September: Nach einem Besuch Sulzers in Winterthur reist Wagner nach Paris ab und bezieht dort am fünften Tage eine Wohnung in der Avenue de Matignon Nr. 4. Er hofft auf eine Pariser Aufführung des »Tannhäuser«.
2. Oktober: »Auf großen Erfolg glaube ich rechnen zu dürfen« (an Minna).
20. Oktober: Wagner bezieht in der Rue Newton Nr. 16 ein Haus für 4000 frcs. jährlicher Miete und nimmt sich Hausangestellte sowie einen Diener.
Oktober: Wagner besucht den erkrankten Berlioz. Der Plan

der Karlsruher »Tristan«-Aufführung scheitert, da sich kein Tenor an die Titelpartie heranwagt.

29. Oktober: »Meine feinste und tiefste Kunst möchte ich jetzt die Kunst des Überganges nennen, denn mein ganzes Kunstgewebe besteht aus solchen Übergängen; (...) Mein größtes Meisterstück in der Kunst des feinsten allmählichsten Überganges ist gewiß die große Szene des zweiten Aktes von Tristan und Isolde« (Wagner meint den Übergang zwischen dem musikalischen Ausdruck extremer Empfindungen). »Das ist denn nun auch das Geheimnis meiner musikalischen Form, von der ich kühn behaupte, daß sie in solcher Übereinstimmung und jedes Detail umfassenden klaren Ausdehnung noch nie auch nur geahnt worden ist« (an Mathilde Wesendonk).

17. November: Erneuter Versuch Wagners, die Ehe wenigstens äußerlich zu retten, mit der Bedingung geschlechtlicher Enthaltsamkeit. Minna trifft mit Hund und Papagei in Paris ein und nimmt den gemeinsamen Haushalt wieder auf. Sie entläßt zunächst die Hausbediensteten bis auf ein Mädchen und tadelt den Luxus. Der Alltag verläuft unter fortgesetzten Spannungen, die von der Haushilfe überbrückt werden.

Herbst: Wagner singt und spielt dem Pariser Impresario Carvalho seinen »Tannhäuser« vor, der von dem ekstatischen Vortrag eher schockiert ist.

25. November: Wagners Offener Brief an Ferdinand Heine zum Gedächtnis des Komponisten Ludwig Spohr und des Chordirektors Wilhelm Fischer wird publiziert.

Dezember: Der Arzt und Musikliebhaber de Gaspérini verschafft Wagner Eingang in einflußreiche Pariser Kreise. Er schildert später Wagner als »jung, begeistert, voll Leben und Glauben, und, allen seinen Theorien zum Trotz, sehr weit entfernt von Buddha und seinen unfruchtbaren Betrachtungen«. Wagner komponiert den Konzertschluß zum Vorspiel von »Tristan und Isolde«. Die Verleger Schott kaufen das »Rheingold« für 10 000 Franken. Da es bereits an Wesendonk verkauft ist, wird dessen Einverständnis notwendig. Wesendonk willigt ein.

– Darwins »Über die Entstehung der Arten durch natürliche Zuchtwahl« erscheint.

bis 19. Januar: Wagner schreibt einen neuen Schluß für die »Holländer«-Ouvertüre und arbeitet die Partitur aus. Bülow hilft bei der Vorbereitung von Wagner-Konzerten in Paris, für die das Italienische Theater gemietet worden ist.
21. Januar: Wagner schenkt Hector Berlioz ein Exemplar der gestochenen »Tristan«-Partitur.
25. Januar: Erstes der drei Pariser Konzerte mit dem (spontan applaudierten) »Tannhäuser«-Marsch, Teilen aus »Lohengrin«, der »Holländer«-Ouvertüre mit dem neuen Schluß und dem etwas ratlos aufgenommenen »Tristan«-Vorspiel mit dem Konzertschluß. Wagner dirigiert auswendig. Anwesend sind u.a. Auber, Berlioz, Gounod, Meyerbeer, Reyer, Gevaert und der Romancier Jules Champfleury, der zwei Tage darauf eine Broschüre verfaßt, in der er Wagners Kunst feiert.
26. Januar: Wilhelmine Schröder-Devrient, lange Zeit Wagners Ideal als Sängerin, 1822 als Beethovens Leonore in Europa berühmt geworden, 1849 wegen Teilnahme am Aufstand aus Dresden ausgewiesen, stirbt mit 55 Jahren in Coburg.
1. und 8. Februar: Zweites und drittes der Pariser Konzerte. Sie bringen Wagner eine große Anhängerschaft, die er von nun an in Mittwochsgesellschaften abends um sich vereinigt. In seinem Salon finden sich ein: die Komponisten Camille Saint-Saëns und Charles Gounod, Malvida von Meysenbug und Jules Champfleury, der Illustrator Gustave Doré, der »Tannhäuser«-Übersetzer Charles Truinet, der Louvre-Konservator Frédéric Villot, der Maler und Kritiker Emile Perrin, die Musiker Louis Lacombe, Ernest Reyer, Léon Kreutzer und Stephen Heller, der Musikschriftsteller Léon Leroy und der Musiklehrer Adolphe Leroy, der Schriftsteller Catulle Mendès (später mit Judith Gautier verheiratet), der preußische Attaché Graf Hatzfeld und die Liszt-Tochter Blandine mit ihrem Mann, dem Politiker Emile Ollivier.
17. Februar: Charles Baudelaire richtet nach den Konzerten einen begeisterten Brief an Wagner: Diese Musik »kenne« er. »Sie haben mich zu mir selbst zurückgeführt.« Baudelaires Stimme gibt für den französischen »wagnérisme« den Aus-

schlag. Wagner weiß Baudelaire, der keinen Absender angegeben hat, aufzufinden und lädt ihn zu seinen Gesellschaften ein.

22. Februar: »Ein Brief an Hector Berlioz« als offene Antwort auf dessen Konzertkritik vom 7. Februar, in der Berlioz geschrieben hat, er habe von »Tristan« nichts verstanden und glaube nicht an die Zukunftsmusik. Wagner bittet, das Schlagwort vom »Kunstwerk der Zukunft« nicht auf die Grammatik der Musik zu beziehen. Gemeint habe er das Drama, aber er »bereue herzlich«, seine »damals aufgezeichneten Ideen veröffentlicht« und sie dem Mißverständnis selbst bedeutender Künstler ausgesetzt zu haben.

März: Der alternde Rossini empfängt Wagner, der über Rossinis Herzlichkeit gerührt ist.

Mitte März: Napoleon III. erläßt den Befehl, »Tannhäuser« in Paris aufzuführen. Vorausgegangen ist ein diplomatisches Ränkespiel, in dem die Fürstin Pauline Metternich, Frau des österreichischen Botschafters, Wagners Protektorin am Hof spielt und in das auch die Kaiserin Eugénie eingeschaltet ist. Daraus ergeben sich Spannungen zwischen der legitimistischen Aristokratie und dem Hof, die nicht ohne Folgen bleiben.

19. März: Wagner reist zu Konzerten nach Brüssel.

24. März: Erstes Konzert in Brüssel, das Wagner dirigiert.

26. März: Gast bei Staatsrat Klindworth und seiner Tochter Agnes Street-Klindworth. Wagner findet neue Bewunderer in Graf und Gräfin Coudenhove, Graf Orlow und General Saburow, die eine russische Konzertreise anregen.

27. März: Wagner besucht Antwerpen und findet seine Vorstellungen von den »Lohengrin«-Stätten an der Schelde widerlegt.

28. März: Zweites Konzert Wagners in Brüssel, am nächsten Tag Rückkehr nach Paris.

zwischen 8. und 14. Mai: Das Defizit aus Wagners Pariser Konzerten beträgt 10 000 frcs. Diesen Betrag stiftet Marie Kalergis. Als Dank für sie Aufführung des II. Aktes »Tristan und Isolde«, »des exzentrischen Fragments« (ML), im Hause der Pauline Viardot-Garcia; diese singt die Isolde, Wagner den Tristan, Karl Klindworth am Flügel. Auch Berlioz ist anwesend. Bei Wagner wird eines Abends auch der I. Akt »Walküre« gespielt, mit Klindworth, in Anwesenheit von

Niemann, der den »Tannhäuser«-Kontrakt für Paris unterschreibt, und Frau Kalergis.
30. Mai: Wagner beendet den Prosaentwurf für das Bacchanale der Pariser »Tannhäuser«-Fassung.
17. Juni: Durch das Defizit der Konzerte kann Wagner an Otto Wesendonk nicht die 6 000 Franken zurückzahlen, die durch den Verkauf des »Rheingolds« fällig sind. Er verpfändet daher auch die »Götterdämmerung«, die noch gar nicht komponiert ist.
Anfang Juli: Minna Wagner reist zur Kur nach Bad Soden.
7. Juli: Gustav Mahler in Kalischt/Mähren geboren.
22. Juli: Vom sächsischen Gesandten in Paris, Seebach, erfährt Wagner von seiner am 15. Juli beschlossenen Teil-Amnestierung. Er darf Deutschland mit Ausnahme Sachsens wieder betreten.
12. August: Erstmals seit 1849 überschreitet Wagner die deutschen Grenzen und trifft in Bad Soden ein. Am Tag darauf reist er mit Minna nach Frankfurt am Main zu seinem Bruder Albert Wagner.
16. August: Nach einem Aufenthalt in Darmstadt und einem Ausflug nach Heidelberg trifft Wagner in Baden-Baden ein.
17. August: Wagner wird in Baden-Baden von Prinzessin-Regentin Augusta von Preußen empfangen, bei der er sich für die Mithilfe an der Amnestierung bedankt. Noch am selben Abend Abreise nach Mannheim, von wo er am nächsten Tag mit Minna eine Fahrt mit dem Dampfschiff den Rhein abwärts bis Köln unternimmt.
19. August: Rückkehr nach Paris.
23. August: »Von Ergriffenheit beim Wiederbetreten des deutschen Bodens habe ich – leider! – auch nicht das Mindeste verspürt: Gott weiß, ich muß recht kalt geworden sein!« (an Otto Wesendonk).
13. September: »Glaub' mir, wir haben kein Vaterland! Und wenn ich ›Deutsch‹ bin, so trage ich sicher mein Deutschland in mir« (an Franz Liszt).
im September: Deutsche Niederschrift des fast 50seitigen Offenen Briefes »›Zukunftsmusik‹. An einen französischen Freund (Fr. Villot) als Vorwort zu einer Prosa-Übersetzung meiner Operndichtungen«, mit Abriß der Geschichte der Oper und der eigenen Entwicklung.
21. September: Arthur Schopenhauer stirbt in Frankfurt.

24. September: An der Pariser Oper beginnen die Proben zu »Tannhäuser« mit dem Tenor Albert Niemann aus Hannover. Wagner ist noch beim Umarbeiten des I. Akts und setzt sich darüber hinweg, daß die Adligen erst im II. Akt ein Ballett erwarten.
15. Oktober: Wagner verläßt sein Haus wegen Straßenbauarbeiten und zieht in die Rue d'Aumale Nr. 3 um.
18. Oktober: Wagner beendet die Orchesterskizze der Venusberg-Szene, die in den I. Akt »Tannhäuser« eingefügt wird.
26. Oktober: Johann Philipp Reis führt in Frankfurt am Main erstmals das von ihm erfundene Telefon vor.
27. Oktober: Richard Wagner erkrankt an typhösem Fieber, wodurch die Proben zum »Tannhäuser« zum Stillstand kommen.
20. November: Wagner nimmt, noch geschwächt, die Probenarbeit wieder auf.
Dezember: Wagner beendet die Partiturarbeiten der neukomponierten Venus-Szene von »Tannhäuser« I. Akt.

– Joachim und andere unterzeichnen einen Protest gegen die »Zukunftsmusik« der Neudeutschen Wagner und Liszt.

1861

28. Januar: Partitur des Bacchanales der Pariser »Tannhäuser«-Fassung beendet.
20. Februar: Der Tenor Niemann verlangt die Streichung einer zu hohen und anstrengenden Passage, die ihm vor einem Proben-Publikum »eine Blamage verursachte«. Andernfalls bliebe »kein anderer Ausweg, als der, sich einen andern Tannhäuser zu suchen«. Die Energie aller Beteiligten ist erlahmt, Paris ist voll von »Tannhäuser«-Anekdoten. Otto Wesendonk und Ferdinand Praeger, die der Aufführung beiwohnen wollten, reisen ungeduldig wieder ab.
13. März: »Tannhäuser« wird in der neuen Pariser Fassung in der Großen Oper nach 164 Proben erstaufgeführt. Dirigent ist Dietsch, nach Bülow »eins der schäbigsten Rindviehe (...), ein Greis ohne Intelligenz, ohne Gedächtnis, gänzlich erziehungsunfähig, ohne Gehör«. Instrumentenmacher Sax (Erfinder des Saxophons) hilft hinter der Bühne aus. Wegen

der politischen Spannungen mit dem Hof, und weil der Jockey-Club sein Ballett nicht bekommen hat, entsteht ein Theaterskandal. Verabredet »brach plötzlich der lange vorbereitete Angriff aus, und ein gewaltiges Pfeifen und Lärmen unterbrach die Musik« (Malvida von Meysenbug). Die Künstler führen die Vorstellung zu Ende. Anwesend ist die gesamte vornehme Gesellschaft von Paris, auch Kietz, Chandon und Bülow.

18. März: Bei der zweiten Aufführung ist der Lärm noch schlimmer. Die Adligen der Jockey-Gesellschaft haben sich mit Jagdpfeifen und Flageoletts ausgerüstet, »vergebens demonstrierte selbst der Kaiser mit seiner Gemahlin zum zweiten Male zugunsten meines Werkes« (ML), der Tannhäuser Niemann schmeißt vor Wut seinen Pilgerhut ins Publikum.

25. März: Die dritte Aufführung, die Wagner nicht mehr besucht, muß oft für Viertelstunden unterbrochen werden, da die Hölle los ist. Wagner zieht daraufhin den »Tannhäuser« zurück. Baudelaire schreibt in »Richard Wagner et le Tannhaeuser à Paris«: »Was wird Europa von uns denken, und was wird man in Deutschland von Paris sagen? Diese Handvoll Rüpel bringt uns alle miteinander in Verruf!« Die deutsche Musiköffentlichkeit stellt sich nunmehr demonstrativ hinter Wagner, dessen antifranzösische Ressentiments (1871) der Theaterskandal mitbegründet.

27. März: Wagner verfaßt einen »Bericht über die Aufführung des ›Tannhäuser‹ in Paris. (Brieflich.)« Nach Abzug aller Ausgaben bleiben ihm 750 frcs.

18. April: Wagner trifft in Karlsruhe ein.

21. April: Wagner wird im Karlsruher Schloß von Großherzog Friedrich I. und Großherzogin Luise von Baden in Privataudienz empfangen. Erneut kommen Pläne einer Karlsruher »Tristan«-Uraufführung zur Sprache.

um den 23. April: Wagner wieder in Paris.

9. Mai: Über Karlsruhe, wo er erneut vom Großherzog empfangen wird und im »Erzherzog Karl« wohnt, reist Wagner nach Wien, um dort Solisten für die Karlsruher »Tristan«-Aufführung zu suchen.

11. Mai: In einer Probe der Wiener Hofoper hört Wagner seinen »Lohengrin« zum erstenmal vollständig.

13. Mai: Unterredung mit dem Intendanten der Wiener Hofoper. Die Solisten werden für Karlsruhe nicht freigegeben, dafür wird eine Uraufführung des »Tristan« für Wien in Aussicht gestellt. Wagner lernt in Dr. Josef Standhartner, Leibarzt der Kaiserin Elisabeth, einen Bewunderer kennen und verbringt die nächsten Tage in Gesellschaft von Tausig und Cornelius.

15. Mai: Aufführung des »Lohengrin« in Gegenwart Wagners. Er wird stürmisch gefeiert und bedankt sich mit einer Ansprache aus der Loge.

20. Mai: Wagner verläßt Wien.

21. Mai: Wagner erreicht Winterthur, trifft dort Sulzer nicht an und liest im Hotel Goethes »Wilhelm Meisters Wanderjahre«. Am nächsten Tag besucht er Wesendonks in Zürich und feiert bei ihnen mit Sulzer, Semper, Herwegh und Keller seinen Geburtstag.

23. Mai: Wagner reist nach Karlsruhe, um den Großherzog von Baden über die veränderte Situation bezüglich des »Tristan« zu unterrichten, und setzt am nächsten Tag mit Karl Tausig über Straßburg die Reise nach Paris fort.

26. Mai: Wagner trifft in Paris ein, wo sich Liszt aufhält, den er aber nur wenig sieht. Wagner und Baudelaire treffen sich als Frühstücksgäste von Gounod.

18. Juni: Wagner schreibt ein »Albumblatt in C-dur« für die Fürstin Metternich.

11. Juli: Minna Wagner begibt sich erneut zur Kur nach Bad Soden. Wagner hat aus dem Scheitern des Pariser Abenteuers die Konsequenzen gezogen. Er löst seinen Haushalt auf und wohnt als Gast des preußischen Gesandten Graf de Pourtalès in der Rue de Lille Nr. 78. In Gesellschaften mit Attachés, den Metternichs und Saint-Saëns.

29. Juli: Wagner widmet das nach einem Garten-Idyll entstandene Albumblatt As-dur »Ankunft bei den Schwarzen Schwänen« der Gräfin de Pourtalès.

30.–31. Juli: Über Köln reist Wagner nach Bad Soden.

1. August: Minna begleitet Wagner bis Frankfurt, sie reist zurück nach Soden, später nach Dresden, er nach Weimar, »wiederum durch Thüringen und an der Wartburg vorbei« (ML).

2. August: Wagner trifft in Weimar ein und bezieht am nächsten Tag die von Liszt zur Verfügung gestellte Wohnung auf der Altenburg. Eine Tonkünstler-Versammlung bringt Wagner mit Bülow, Cornelius, Brendel, Weißheimer, Tausig,

Draeseke und Damrosch zusammen. Liszt löst seinen Haushalt auf.
9. August: Mit Emile und Blandine Ollivier reist Wagner nach Nürnberg, besichtigt dort am nächsten Tag die Stadt und das Germanische Museum und reist weiter nach München.
11. August: Mit Olliviers Besichtigung der Münchner Kunstsammlungen und Weiterreise nach Bad Reichenhall.
12. August: Morgens in Bad Reichenhall, wo Wagner und Olliviers von Cosima von Bülow empfangen werden. Sie beziehen Quartier in der Seebachmühle in Karlstein.
13. August: Wagner begibt sich mit dem Einspänner nach Salzburg und am nächsten Tag nach Wien. Standhartner stellt ihm für einige Wochen seine Wohnung zur Verfügung, die von seiner Nichte Seraphine Mauro betreut wird. »Meine Lage war, wie mir nun erst deutlich wurde, gänzlich verlassen, denn ich erschien von aller Welt aufgegeben« (ML).
September: Einladungen von Fürst Metternich und Fürst Liechtenstein, Besuch beim Grafen Nakós auf Gut Schwarzau, trotzdem Gefühl völliger Vergeblichkeit, da auch der Wiener »Tristan« an der Indisposition eines Tenors zu scheitern droht und das Werk nunmehr als unaufführbar gilt. Rückübersetzung der französischen »Tannhäuser«-Texte und enttäuschende Bekanntschaft des blaß bleibenden Hebbel. Wiedersehen mit Heinrich Laube, jetzt Burgtheaterdirektor und etabliert, und Gesellschaft von Tausig.
25. September: Wagner zieht in das Hotel »Kaiserin Elisabeth« um.
19. Oktober: Bitte an Minna, ihn nicht mit Mißtrauen zu verfolgen, sondern ihm in der Trennung »das Elend tragen« zu helfen. »Meine älteren Opern sind überall herum: mit meinen neuen Werken stoße ich auf fast – unüberwindliche Schwierigkeiten. Ich bin mit meinen neuen Arbeiten meiner Zeit und demjenigen was unsre Theater leisten können, weit – weit vorausgeeilt. (...) Kein Mensch frägt nach mir. Ich habe ganz und gar wieder von vorne anzufangen.«
um den 6. November: Wagner reist, von Wesendonks eingeladen, mit der Bahn nach Triest und von dort mit dem Schiff nach Venedig. Er beschließt, die »Meistersinger« auszuführen. Wesendonks findet er in schönster Harmonie und wagt nicht, sie erneut um ein Asyl zu bitten.

11.–13. November: Rückreise nach Wien. Auf der Eisenbahnfahrt konzipiert Wagner »mit größter Deutlichkeit den Hauptteil der Ouvertüre in C-dur« zu den »Meistersingern« (ML). Sofort nach der Rückkehr besorgt der begeisterte Peter Cornelius Wagenseils Buch »Von der Meistersinger holdseligen Kunst« aus der Wiener Kaiserlichen Bibliothek. Daraus gewinnt Wagner die Terminologie des Meistergesangs.
14.–16. November: Neuer Prosaentwurf zu den »Meistersingern«.
18. November: Zweitschrift des Prosaentwurfs der »Meistersinger« für den Verleger Franz Schott.
20. November: Wagner schickt den Textentwurf an Schott: »Sie ersehen daraus um was es sich handelt, und stimmen mir gewiß bei, wenn ich in der Ausführung dieser Arbeit einem meiner originellsten, jedenfalls meinem populärsten Werke entgegensehe.«
November: Metternichs halten sich in Wien auf und glauben Wagner Unterkunft im Pariser Gesandtschafts-Gästehaus anbieten zu können. Sie nehmen an einem der Vormittage an einer Audition von Teilen des »Tristan« mit der Sängerin Luise Dustmann und dem Theater-Orchester teil. Nachdem bei den Frühjahrs-Proben zu »Lohengrin« eine vom Theater erwünschte Versöhnung mit Hanslick durch Wagners schroffe Haltung gescheitert ist, nähert sich ihm Hanslick bei einer Abendgesellschaft der Dustmann freundlich, was von Wagner konziliant erwidert wird.
30. November: Wagner reist nach Paris ab und trifft am nächsten Tag in Mainz ein.
3. Dezember: In Mainz liest Wagner vor den Verlegern Schott und geladenen Gästen den Prosaentwurf der »Meistersinger« vor und reist noch abends nach Paris weiter.
14. Dezember: Heinrich Marschner stirbt in Hannover.
Ende Dezember: Wagner wohnt, da sich das Angebot der Fürstin Metternich durch den Tod ihrer Mutter nicht verwirklichen läßt, in dem kleinen Hotel garni »Voltaire« und beginnt mit der Urschrift der »Meistersinger«-Dichtung.

– Liszt siedelt nach Rom über, wo er 1865 die niederen Weihen empfängt. Gustav Krug macht den 17jährigen Pfortenser Schüler Friedrich Nietzsche mit dem Klavierauszug des »Tristan« bekannt.

15.–25. Januar: Konzeption und erste Niederschrift des »Wach' auf!«-Chors auf dem Wege zur »Taverne Anglaise«, in Gesellschaft von Truinet. Die Urschrift des »Meistersinger«-Textes wird abgeschlossen.
bis 31. Januar: Erste Vorlesung bei der inzwischen verwitweten Gräfin de Pourtalès. Die Reinschrift des »Meistersinger«-Textbuches wird abgeschlossen. Alle Bekannten und Freunde Wagners lehnen mit dem Ausdruck des Schreckens Wagners briefliche Bitten um Unterkunft ab.
1.–4. Februar: Wagner verläßt Paris, begibt sich zunächst nach Karlsruhe zu einer Unterredung mit dem Großherzog und von da nach Mainz.
5. Februar: Wagner liest abends bei den Verlegern Schott am Weihergarten die »Meistersinger« vor, nach Wendelin Weißheimer »eine rhetorische Virtuosenleistung«. Peter Cornelius hat nur wegen dieses Abends eine strapaziöse Reise von Wien nach Mainz auf sich genommen.
8. Februar: In Biebrich.
9. Februar: Wagner wohnt im »Europäischen Hof«, abends besucht er eine Aufführung von Gounods »Margarethe« in Wiesbaden. Er legt es brieflich in Minnas Ermessen, ob sie wieder mit ihm zusammenleben will. Nach einer Woche mietet Wagner eine Wohnung im Haus des Architekten Frickhöfer.
21. Februar: Ohne Ankündigung trifft Minna in Biebrich ein, schon am nächsten Tag kommt es zu Szenen, noch immer wegen Mathilde Wesendonk. Wagner besucht eine »Rienzi«-Aufführung in Darmstadt.
3. März: Nach unerfreulichen Auseinandersetzungen reist Minna ab, am nächsten Tag schreibt Wagner an Cornelius: »Es waren zehn Tage der Hölle.«
7.–8. März: Nach Karlsruhe. Wagner liest dem Großherzog und der Großherzogin von Baden die »Meistersinger« vor und besucht eine Aufführung des »Tannhäuser«, dessen Inszenierung durch Devrient er abschreckend findet.
ab 10. März: Wieder in Biebrich. Auf der Durchreise in Frankfurt fällt Wagner die Schauspielerin Friederike Meyer auf. Durch Frau Raff lernt Wagner den Komponisten Joachim Raff in Wiesbaden kennen, dieser hält ihn für über-

spannt, Wagner seinerseits Raff für pedantisch und philiströs. Unter Weißheimer kommt es in Mainz zu einer minderwertigen Aufführung von Offenbachs »Orpheus«, der Wagner beiwohnt. Im Hause Schott lernt Wagner bei einer Soiree die 29jährige Mathilde Maier kennen, eine bildschöne und kluge Notarstochter aus Alzey, die Wagner sofort anzieht. Bei einem neuerlichen Besuch in Frankfurt auch persönliche Bekanntschaft mit Friederike Meyer.

28. März: Volle Amnestierung Wagners, auch für Sachsen. Minna wird jedoch in ihrer Hoffnung, Wagner werde nach Dresden zurückkehren, enttäuscht.

Ende März: Wagner beginnt mit der Komposition des »Meistersinger«-Vorspiels.

13.–20. April: Die Orchesterskizze des »Meistersinger«-Vorspiels entsteht.

22. Mai: Am Geburtstagsmorgen konzipiert Wagner das Vorspiel zum III. Akt der »Meistersinger« und bringt es zu Papier. »Es ist mir nun klar geworden, daß diese Arbeit mein vollendetes Meisterwerk wird und – daß ich sie vollenden werde« (an Mathilde Wesendonk). Abends ist unter den Gästen auch Mathilde Maier.

26.–28. Mai: Erneut nach Karlsruhe, wo Wagner am ersten Abend den »Lohengrin« sieht, mit Ludwig Schnorr von Carolsfeld in der Hauptrolle, den er von nun an wie keinen anderen Sänger bewundert. Am nächsten Tag Unterredung mit dem Großherzog und endgültiger Bruch mit Devrient.

3. Juni: In Biebrich beginnt Wagner mit der Instrumentierung des »Meistersinger«-Vorspiels.

Juni: Minna lehnt den von Dr. Pusinelli an sie herangetragenen Gedanken einer gesetzlichen Scheidung erneut und endgültig ab.

Anfang Juli: Hans und Cosima von Bülow treffen in Biebrich ein. Von Bülow begleitet, studiert Wagner zwei Wochen mit Ludwig und Malwine Schnorr von Carolsfeld die Titelpartien von »Tristan und Isolde« ein. Zu einer Vorlesung der »Meistersinger« kommt auch Alwine Frommann. Auf der Durchreise sprechen Konzertmeister David und sein Schüler Wilhelmj aus Leipzig vor. Nach dreizehn Jahren kommt es zu einem Wiedersehen mit August Röckel und dessen Tochter. Auch Luise Dustmann, Schwester von Friederike Meyer, macht einen Besuch. Mit Bülows, Schnorrs und

Friederike Meyer reist Wagner nach Bingen. Stationen: Schlangenbad, Remagen, Rolandseck, Drachenfels. Nach vierzehn Tagen reisen Schnorrs ab. Wagner besucht Weißheimer in Osthofen und die Metternichs auf ihrem Schloß Johannisberg.
August: Zu Bülows Abschied begleitet Wagner die Freunde zwei Tage nach Frankfurt, wo man »Tasso« mit Friederike Meyer sieht. An Cosima scheint sich die »in Reichenhall vor einem Jahre« von Wagner »wahrgenommene Scheu in freundlichstem Sinne verloren zu haben«. Scherze und Anspielungen. »Hier war alles Schweigen und Geheimnis« (ML). Bülows erste Bedenken. Die Beziehungen zu Mathilde Maier (in der Wagner Pogners Evchen erblickt, trautes Glück), Friederike Meyer (Verlockung des Abenteuers) und Cosima (wortlose Übereinstimmung angesichts deren unbefriedigender Ehe) halten sich 1862/63 die Waage, während sich Wagner Mathilde Wesendonk gegenüber in die Rolle des resignierenden Hans Sachs, der »nichts von Herrn Markes Glück« will, hineinstilisiert hat.
22. August: Claude Debussy in St. Germain-en-Laye geboren.
8. September: Wagner reist nach Frankfurt am Main.
11. September: Blandine Ollivier, Cosimas Schwester, stirbt in St. Tropez.
12. September: In Frankfurt dirigiert Wagner zum erstenmal eine Aufführung des »Lohengrin« und reist anschließend nach Biebrich zurück.
23. September: Auf Betreiben des Kriegsministers von Roon beruft König Wilhelm I. im preußischen Verfassungsstreit Bismarck zum Ministerpräsidenten. Bismarck nimmt mit großer Schärfe den Kampf gegen die liberale Mehrheit um die Heeresreform auf.
10. Oktober: Da Schott wegen der stockenden Arbeit an den »Meistersingern« nicht mehr zahlt – Wagner hat im Spätsommer den erkrankten Verleger vergeblich bis nach Bad Kissingen verfolgt –, ist Wagner seit Ende August mittellos »in der Lage eines Ertrinkenden« (an Schott).
29. Oktober: Abreise zu Schwager Hermann Brockhaus nach Leipzig. In Eisenach unfreiwillige Unterbrechung für fünf Stunden (Wagner verpaßt die Weiterfahrt des Zuges) und Besuch der Wartburg. Wagner ist von der Restaurierung und den Schwindschen Bildern »sehr kalt berührt« (ML).

1. November: Wendelin Weißheimer gibt ein Gewandhauskonzert, vorwiegend mit eigenen Werken, in dem Wagner – vor fast leerem Hause – die Uraufführung des »Meistersinger«-Vorspiels dirigiert, zum Schluß die »Tannhäuser«-Ouvertüre. Bülows sind anwesend. Wagners Anhänger bereiten ihm Ovationen. »Die Meistersinger sollen, wie wir vernehmen, eine komische Oper sein; dieses Vorspiel aber mit seiner Aufgedunsenheit läßt in der Tat keinen günstigen Schluß auf die Fähigkeit Wagners zur komischen Oper ziehen«, schreibt der Rezensent des Konzerts am 6. November in den »Signalen«. – Bankett mit Bülows, am nächsten Tag Soiree mit Professoren und »Meistersinger«-Lesung.

3. November: Wagner reist nach Dresden und wohnt bei Minna. Pusinelli, Heine, Schnorrs wiedergesehen. Erneut »Meistersinger«-Lesung.

7. November: Nach endgültigem Abschied von Minna reist Wagner über Leipzig nach Biebrich, wo er vergeblich mit Mathilde Maier auf Wohnungssuche geht und mit Friederike Meyer Mainz besucht.

13. November: Aufbruch aus der gekündigten Wohnung in Biebrich. Von Mainz aus über Nürnberg. Von hier ab begleitet ihn Friederike Meyer, die ihr Frankfurter Engagement aufgegeben hat, nach Wien.

14. November: Ankunft in Wien, am nächsten Tag zieht Wagner ins Hotel »Kaiserin Elisabeth«. Durch die Anwesenheit Friederike Meyers verscherzt sich Wagner die Sympathien ihrer Schwester, der Sängerin und dezidierten Isolde Luise Dustmann. Nachdem Friederike Meyer völlig vergeblich am Theater vorgesprochen hat, verschwindet sie im Winter aus Wien und, nach einigen Aufforderungen an Wagner, wieder mit ihr in Kontakt zu treten, auch aus seinem Leben.

15. November: Gerhart Hauptmann in Ober-Salzbrunn geboren.

23. November: In der Wohnung Dr. Standhartners liest Wagner die »Meistersinger« vor. Unter den Gästen ist Eduard Hanslick, der sich in der Figur Beckmessers porträtiert fühlt und nun zu einem der mächtigsten Feinde Wagners wird.

Spätherbst: Wagner lernt den linksliberalen Schriftleiter Julius Fröbel kennen. Die in Biebrich von Wagner herausgelösten und bearbeiteten Konzertstücke der Partituren werden von Cornelius, Tausig, Weißheimer und auch Brahms kopiert und mit dem Konzertmeister und Komponisten Joseph Hellmesberger studiert.

26. Dezember: Erstes Konzert Wagners im »Theater an der Wien« in Gegenwart der Kaiserin Elisabeth, mit dem Vorspiel und zwei Szenen der »Meistersinger« sowie fertigen Teilen des »Rings«. Großer Jubel, vor allem nach dem »Walkürenritt«, aber enormes Defizit. Wagner läßt, der besseren Wirkung wegen, eine Schallwand errichten, was das Defizit vergrößert.

Jahresende: Niederschrift des »Vorworts zur Herausgabe der Dichtung des Bühnenfestspiels ›Der Ring des Nibelungen‹«, 1863 veröffentlicht. Darin weist Wagner auf die Unmöglichkeit hin, den Repertoire-Theatern bei der »fast grotesken Inkorrektheit ihrer Leistungen« sein Werk anzuvertrauen. Er schlägt vor, in einer »minder großen« Stadt ein amphitheatralisches Festspielhaus zu errichten, in dem die hinzugezogenen Künstler sich auf einen Stil und eine Aufgabe konzentrieren. »Zur Vollendung des Eindruckes einer solchermaßen vorbereiteten Aufführung würde ich dann noch besonders die Unsichtbarkeit des Orchesters, wie sie durch eine, bei amphitheatralischer Anlage des Zuschauerraumes mögliche, architektonische Täuschung zu bewerkstelligen wäre, von großem Werte halten.« Finanzierung entweder durch private Stiftungen oder durch ein Fürsten-Budget. »Wird dieser Fürst sich finden?«

– Eröffnung des Suez-Kanals. Verdis »Macht des Schicksals« in Petersburg.

1863

1. Januar: Zweites Wiener Konzert. Erneutes Defizit und große Niedergeschlagenheit.

4. Januar: An Mathilde Maier schreibt Wagner: »Mir fehlt ein weibliches Wesen, das sich entschlösse trotz allem und jedem mir das zu sein, was unter so jämmerlichen Umständen ein Weib mir sein kann, und – muß, sage ich, wenn ich ferner gedeihen soll.« Er könne sich allerdings nicht scheiden lassen.

11. Januar: Drittes Wiener Konzert, die »Faust-Ouvertüre« ist ins Programm aufgenommen, Brahms anwesend. Der Beifall ist groß, die Kritik ablehnend, u.a. von Hebbel. Wiener Aristokraten sammeln zur Deckung der Unkosten.
5. Februar: Zu einem vom Musikschriftsteller und Chorleiter Heinrich Porges arrangierten Konzert trifft Wagner in Prag ein.
8. Februar: Wagners Prager Konzert, mit einer Beethoven-Symphonie und eigenen Werken. Es bringt 1100 Gulden ein. Am nächsten Tag Rückreise nach Wien.
12.–13. Februar: Wagner reist nach Biebrich, wo er mit Mathilde Maier erneut die Wohnungssuche aufnimmt.
19. Februar: Auf einer Konzertreise nach Petersburg, die Frau Kalergis vermittelt hat, trifft Wagner morgens in Berlin ein, besucht Bülows und reist abends weiter.
20.–21. Februar: Zwischenstation in Königsberg.
ab 24. Februar: Wagner hält sich in Petersburg auf, in Gesellschaft von Serow, Anton Rubinstein, der Großfürstin Helene Pawlowna und der Hofdame Editha von Rhaden.
3. und 10. März: Wagners Petersburger Konzerte in der »Philharmonischen Gesellschaft«.
5. März: »ich fühle, daß ich sehr erschöpft bin, und nicht mehr viel tauge« (an Minna).
18. März: Benefiz-Konzert im Kaiserlichen Opernhaus.
19.–20. März: Reise nach Moskau, wo Wagner mit Nikolaus Rubinstein, Direktor der »Russischen Musikalischen Gesellschaft«, bekannt wird.
zwischen 25. und 29. März: Drei Moskauer Konzerte Wagners. Bei einem Bankett, auf dem Nikolaus Rubinstein spricht, wird Wagner auch dem Dichter und Musikschriftsteller Fürst Wladimir F. Odojewskij, Verfasser der »Russischen Nächte«, vorgestellt.
1. April: Zurück in Petersburg. »Meine Überbeschäftigung ist grenzenlos, und zweimal war ich bereits krank. (...) Ich kann derlei Unternehmungen nicht wiederholen, ohne dabei zu Grunde zu gehen« (an Minna).
Anfang April: Als Dirigent wirkt Wagner im Benefizkonzert des Moskauer Kapellmeisters Karl Schuberth mit.
5. April: Wagner beginnt mit der Vorlesung der »Meistersinger« und des »Rings« bei Teegesellschaften der Großfürstin Helene.

13. April: Benefizkonzert Wagners in Petersburg.
17. April: Konzert Wagners zum Besten der Schuldgefangenen.
25. April: Nach einem Zwischenaufenthalt in Berlin, wo Cosima am 29. März von ihrem zweiten Kind, Blandine, entbunden worden ist, trifft Wagner wieder in Wien ein. Von dem Ertrag der Konzertreise in Höhe von 7000 Talern bleiben nach Abzug der dringendsten Schulden und der regelmäßig gezahlten Unterstützung für Minna ein Rest von 4000 Talern, mit denen sich Wagner, wie er glaubt, endgültig, in Wien niederlassen will.
12. Mai: Die neue Wohnung in Penzing bei Wien, Wienstraße 221, wird bezogen und kostspielig eingerichtet. Die Kosten für Hausmädchen und Dienerehepaar, Schlafröcke, Samt und Seide, Teppiche, Kissen, Plüschsessel, Borten und Spitze übersteigen bei weitem seine Finanzkraft. Die an Mathilde Maier gerichtete Bitte, zu ihm zu kommen und als Hausfrau das »Fehlende in schicklicher Weise zu ersetzen« (ML), wird mit der Aufforderung zu Scheidung und Heirat beantwortet – und fallengelassen.
22. Mai: Feier des 50. Geburtstags mit Standhartner.
23. Mai: Lassalle gibt dem »Allgemeinen Deutschen Arbeiterverein«, der sich in Leipzig gründet, Programm und Statut.
3. Juni: Gesangvereine und Studenten huldigen Wagner mit einem nachträglichen Fackelzug zum Geburtstag.
Mitte Juni: Vollendung der Partitur der ersten Szene von »Meistersinger« I. Akt.
18. Juli: Wagner trifft zu Konzerten in Budapest ein.
23. und 28. Juli: Erstes und zweites Budapester Konzert.
31. Juli: Rückreise nach Wien.
September: Alle Honorare und Darlehen sind aufgebraucht, Wagner kann sich nur mehr gegen Wechsel Geld verschaffen.
Oktober: Wagner plädiert in dem für Fröbels Zeitung »Der Botschafter« geschriebenen Aufsatz »Das Wiener Hof-Operntheater« für eine Reform dieses Instituts.
31. Oktober: Wagner reist nach Prag.
4. November: Der »Fliegende Holländer« wird ihm zu Ehren aufgeführt.
5.–8. November: Zwei Konzerte Wagners in Prag.
11. Nobember: Wagner trifft, über Nürnberg und Stuttgart reisend, in Karlsruhe ein, wo sich zu seinem ersten Konzert

Raff, Pohl, Mathilde Maier, Betty Schott und der Stuttgarter Kapellmeister Karl Eckert als Gäste einfinden.
14. November: Erstes Karlsruher Konzert, in Gegenwart Turgenjews.
nach dem 14. November: Für kurze Zeit ist Wagner in Baden-Baden Gast der Frau von Muchanow, frühere Kalergis. Im Haus der Pauline Viardot lernt er Turgenjew kennen.
18. November: Empfang beim Großherzog von Baden, am nächsten Tag zweites Karlsruher Konzert Wagners in Anwesenheit der Königin Augusta von Preußen.
21. November: Wagner reist nach Zürich, wo er letztmals Gast im Haus Wesendonk ist, aber von Unterstützung keine Rede mehr sein kann.
26. November: Aus Zürich kommend trifft Wagner vormittags in Mainz ein und ist »für einen Tag und eine Nacht« (ML) Gast der Familie Mathilde Maiers. Er sucht auch Schott auf.
28. November: Am Abend zuvor über Frankfurt reisend, trifft Wagner morgens in Berlin ein. Er besucht Bülows und unternimmt mit Cosima nachmittags eine Spazierfahrt im Wagen. »Unter Tränen und Schluchzen besiegelten wir das Bekenntnis, uns einzig gegenseitig anzugehören« (ML, in allen Ausgaben vor 1963 war dieser Satz gestrichen). Anschließend mit Cosima zum Konzert Bülows. Wagner übernachtet bei Bülows. Am nächsten Tag Weiterreise nach Löwenberg.
2. Dezember: Konzert in Löwenberg mit dem Privatorchester des Fürsten von Hohenzollern-Hechingen. Wagner sieht Frau von Bissing wieder, die Schwester Eliza Willes, die ihm größere Geldsummen verspricht und ihn zwei Tage später auch nach Breslau begleitet, wo sie im selben Gasthof wohnt.
7. Dezember: Wagner dirigiert ein von Damrosch organisiertes Konzert in Breslau. Wagner trifft mit Marie von Buch, spätere Gräfin von Schleinitz und Wagners Mäzenatin, zusammen. Zwei Tage darauf Rückkehr nach Wien.
Weihnachten: In Gesellschaft von Cornelius, Porges, Tausig und Schönaich.
27. Dezember: Im Konzert Tausigs im Redoutensaal der Wiener Hofburg dirigiert Wagner die »Freischütz«-Ouvertüre.
31. Dezember: Silvesterfeier bei Standhartner mit Cornelius.

– Polnischer Aufstand gegen den Zarismus.

1864

Januar: Wagner steuert in Wien durch immer neue Wechselgeschäfte einem »unaufhaltsamen Ruin« (ML) entgegen.
31. Januar: Der Schleswig-Holsteinsche Krieg, ausgelöst durch die Erbfolgefrage, beginnt mit dem Angriff der preußischen und österreichischen Truppen.
Februar: Wagner muß neue Wechsel ausstellen, der Verfall seiner Lage ist nicht mehr aufzuhalten. Frau von Bissing lehnt die dringende Bitte um Hilfe ab; sie wolle nicht. Ihrer Schwester gesteht sie: »Und wenn ich Wagner rette, so liebt er doch am Ende nur die Wesendonk!« (ML, in keiner Ausgabe vor 1963). Mit Cornelius Lektüre der »Ilias«.
10. März: Achtzehnjährig folgt Ludwig II. König Max II. von Bayern auf den Thron.
März: Der »Tristan« ist in Wien endgültig abgesetzt. Wechsel gehen zu Protest. Wesendonks lehnen ab, Wagner aufzunehmen. Er verkauft eilig das Nötigste, der Rest wird später gepfändet.
23. März: Um der drohenden Schuldhaft zu entgehen, flieht Wagner auf Anraten seines Rechtsbeistandes aus Wien.
25. März: Auf der Durchreise in München bleibt Wagner am Karfreitag vor einem Schaufenster mit dem Bild des jungen Königs stehen, in »ungemein schwieriger Lebenslage« (ML) von Schönheit gerührt. Auf dem Weg ins Hotel »Bayerischer Hof« dichtet er die Grabschrift: »Hier liegt Wagner, der nichts geworden, / nicht einmal Ritter vom lumpigsten Orden; / nicht einen Hund hinter'm Ofen entlockt' er, / Universitäten nicht 'mal 'nen Doktor. –«
26. März: Über den Bodensee, »abermals in Flucht begriffen und asylbedürftig« (ML), über Zürich nach Mariafeld zu Eliza Wille. Diese versorgt ihn, in Abwesenheit ihres Mannes. Er liest Jean Pauls »Siebenkäs«, George Sand, Walter Scott, Eliza Willes »Felicitas« und die deutschen Mystiker, wie Tauler.
8. April: »Ein gutes, wahrhaft hilfreiches Wunder muß mir jetzt begegnen; sonst ist's aus!« (an Cornelius).
18. April: Niederlage der dänischen Truppen.

28. April: Wagner reist über Basel nach Stuttgart zu Kapellmeister Eckert, wo er am nächsten Tag eintrifft und im Hotel »Marquardt« wohnt.
30. April: Zu Weißheimer: »Ich bin am Ende.« Wagner verlängert seinen Aufenthalt in Stuttgart, um am nächsten Tag eine Aufführung des »Don Juan« zu besuchen.
3. Mai: Kabinettssekretär Hofrat von Pfistermeister, vor dem sich Wagner am voraufgegangenen Abend aus Furcht hat verleugnen lassen, überbringt vormittags ein Fotoporträt, einen Ring und eine mündliche Botschaft des bayerischen Königs, seine Zuneigung für Wagners Kunst bekennend. Wagner antwortet auf der Stelle brieflich mit »Tränen himmlischster Rührung« über das »Wunder«. Leben, Dichten und Tönen »gehört nun Ihnen, mein gnadenreicher junger König: verfügen Sie darüber als über Ihr Eigentum!« Beim Mittagessen im Hause Eckerts trifft die telegrafische Nachricht vom Tod Meyerbeers (am 2. Mai) ein; Weißheimer bricht über diesen »wunderbaren Zufall« (ML) in Gelächter aus. Noch am gleichen Abend reisen Wagner und Pfistermeister mit der Bahn nach München. (An dieser Stelle schließt Wagners »Mein Leben« mit dem Satz: »nie jedoch hat unter dem Schutze meines erhabenen Freundes die Last des gemeinsten Lebensdruckes mich wieder berühren sollen«.)
4. Mai: Ludwig II. empfängt am frühen Nachmittag Wagner in der Münchner Residenz. »Hättest Du Zeuge sein können, wie sein Dank mich beschämte« (König Ludwig II. an seine Cousine Sophie). »Er ist leider so schön und geistvoll, seelenvoll und herrlich, daß ich fürchte, sein Leben müsse wie ein flüchtiger Göttertraum in dieser gemeinen Welt zerrinnen« (Wagner an Eliza Wille). Wagner wohnt am Englischen Garten.
9. Mai: Wagner erhält über die Königl. Bayer. Kabinettskasse 4000 Gulden als Geschenk Ludwigs II. zur Tilgung der Schulden.
10.–12. Mai: In Wien versucht Wagner zunächst die dringendsten Schulden zu regeln.
14. Mai: Wagner zieht in das von Ludwig II. gemietete Landhaus Pellet in Kempfenhausen am Starnberger See. Von nun an fast täglicher Umgang mit dem König, der im benachbarten Schloß Berg wohnt.
22. Mai: Ludwig II. kommt ins Haus Pellet und überreicht

Wagner zum Geburtstag ein Königsporträt. »Vorlesungen« (AN).
10. Juni: Ludwig II. bewilligt weitere 16 000 Gulden in bar.
11. Juni: Richard Strauss in München geboren.
11.–14. Juni: Wagner begibt sich erneut nach Wien zur Bereinigung seiner Schulden und Auslösung seines Eigentums.
18. Juni: Ludwig II. reist nach Kissingen.
Juni: Mathilde Maier weist eine Einladung, zu Wagner zu ziehen, der sich vereinsamt fühlt, ab.
29. Juni: Cosima von Bülow folgt Wagners Einladung und trifft mit ihren Töchtern Daniela und Blandine in Haus Pellet ein. In der folgenden Woche wird der Bund Cosimas mit Wagner endgültig besiegelt.
7. Juli: Hans von Bülow trifft ein und erkrankt bis zum Herbst mehrmals schwer an fast völliger Lähmung der Glieder.
16. Juli: Wagner beendet die für Ludwig II. bestimmte Reinschrift »Über Staat und Religion«. Darin rechtfertigt er seine revolutionäre Tätigkeit als nur nach dem »äußeren Scheine der Umstände« politisch: »Meine Richtung ging darauf, mir eine Organisation des gemeinsamen öffentlichen, wie des häuslichen Lebens vorzustellen, welche von selbst zu einer schönen Gestaltung des menschlichen Geschlechtes führen müßte.«
Juli/August: Der Bildhauer Zumbusch besucht Wagner im Haus Pellet. Der Pianist Klindworth, im Juli zu Besuch, reist wieder ab. Wagner empfängt den mit Bülow befreundeten Ferdinand Lassalle, der sich als »Siegfried« vorstellt, im Haus Pellet, unmittelbar vor dessen Duell (28. August) und Tod (31. August) in Genf. Über den Inhalt dieses Gespräches ist bis heute nichts bekannt. Wagner komponiert den »Huldigungsmarsch für Ludwig II.« und schreibt die Partitur.
24. August: Wagner reist nach Füssen, wo er am Tag darauf Ludwig II. im Schloß Hohenschwangau zum Geburtstag gratuliert.
30.–31. August: Liszt ist Gast Wagners im Haus Pellet, von Sorge um Bülow niedergedrückt, von den fertigen Teilen der »Meistersinger« tief beeindruckt.
3. September: Bülows reisen ab.
26. September: »Ich habe beschlossen, jede andere Arbeit, so vorteilbringend sie mir ihrer leichteren Ausführbarkeit we-

gen sein könnte, für jetzt zur Seite zu legen, um dagegen einzig und sofort die Vollendung der Composition meines großen Nibelungenwerkes in Angriff zu nehmen« (an Ludwig II.).

27. September: Wagner mietet das Haus Nr. 21 in der Briennerstraße in München und beginnt mit der Partiturreinschrift der zweiten Szene von »Siegfried« I.

5. Oktober: Im Hof der Münchner Residenz wird in Gegenwart Ludwig II. der »Huldigungsmarsch« uraufgeführt.

7. Oktober: Audienz beim König, der den offiziellen »Befehl« zur Vollendung des »Rings« erteilt.

Oktober: Gründung der 1. Internationale in London: »Internationale Arbeiterassoziation«.

15. Oktober: Wagner bezieht das Haus Briennerstraße 21 in München und erkrankt bis zum Jahresende mehrmals an Geschwüren.

18. Oktober: Vertrag mit der Königl. Bayer. Kabinettskasse über den Verkauf des »Rings« an den nunmehr dritten Käufer, Ludwig II., für 30 000 Gulden. Für die ab 1864 gezahlten »Geschenke«, Honorare und Mietbeihilfen des Königs – etwa eine halbe Million Mark – »schenkt« Wagner dem König die Partituren von »Feen«, »Liebesverbot«, »Rienzi«, »Rheingold«, »Walküre«, »Meistersinger« und vom »Huldigungsmarsch«, die Orchesterskizze von »Holländer«, »Siegfried« III und die Abschriften »Götterdämmerung« I und II sowie die Text-Handschrift des »Jungen Siegfried«.

14. November: Skizzenblatt der im Haus Pellet komponierten Streichquartett-Themen (Juli/August), die später ins »Siegfried-Idyll« und den III. Akt »Siegfried« einfließen.

20. November: Bülows lassen sich in München nieder, Hans von Bülow zum »Vorspieler«, später zum Dirigenten berufen.

26. November: Entschluß Ludwigs II., zum Zweck der Uraufführung des »Rings« in München ein Festtheater bauen zu lassen.

4. Dezember: Münchner Erstaufführung des »Fliegenden Holländers« unter Wagner. Der König ernennt den klerikalkonservativen von der Pfordten, der in Wagners Dresdner Zeit sächsischer Minister war, zum Ministerpräsidenten. Pfordten wendet sich, durch die wachsende Stimmung gegen den von Wagner betriebenen »Luxus« begünstigt, sofort gegen Wagners »Überhebung« und vertritt in einem Schreiben

die Auffassung, wenn die Fürsten zusammenhielten wie die Demokraten, »dürfte Wagners Musik nirgends aufgeführt werden«.
22. Dezember: Wagner beginnt die Partiturerstschrift von »Siegfried« II.
29. Dezember: Audienz des von Wagner empfohlenen Gottfried Semper bei Ludwig II. Semper erhält den Auftrag, das Münchner Festtheater zu entwerfen.

– Wilhelm Raabe: »Der Hungerpastor«. Büchmanns Bildungsbuch »Geflügelte Worte«.

1865

1. Februar: Wagner, auf dem Rand des Konzertpodiums, an die darüber besorgten Musiker: »Meine Herren, ich bin daran gewöhnt, am Rande des Abgrundes zu stehen.«
6. Februar: Wegen der Anrede »Mein Junge«, vor dem Kabinettssekretär dem König gegenüber gebraucht, ist Wagner vorübergehend in Ungnade und wird vom König nicht empfangen.
Februar: Die rivalisierenden Parteien – Jesuiten, Pfistermeister, Staatsrat Klindworth – bemühen sich, Wagner auf ihre Seite zu bringen, da sie auf seinen Einfluß setzen.
19. Februar: Da dies nicht gelingt, versucht ein anonymer Artikel in der Augsburger »Allgemeinen Zeitung«, »Richard Wagner und die öffentliche Meinung«, den König von Wagner mit Hinweis auf dessen Verschwendungssucht zu trennen. Verfasser ist Oskar von Redwitz, Dichter der Versnovelle »Amaranth«.
22. Februar: Vorsichtige Erwiderung Wagners in der Augsburger »Allgemeinen Zeitung«.
9. März: Wagner stellt in einem Brief an den König erstmals die Frage, ob er noch dessen Vertrauen besitze. »Was soll ich nun tun?«
11. März: Ludwigs Antwort: »Bleiben Sie, bleiben Sie hier! Alles wird herrlich wie zuvor.«
23. März: »Bericht an Seine Majestät den König Ludwig II. von Bayern über eine in München zu errichtende deutsche Musikschule.«

10. April: Isolde – Wagners und Cosimas erstes Kind – wird in München geboren. Am gleichen Tag leitet Bülow die erste Orchesterprobe zu »Tristan und Isolde«.
11. Mai: Generalprobe zu »Tristan und Isolde« im Münchner Hoftheater.
15. Mai: Die Gegner Wagners präsentieren einen Wechsel der Madame Schwabe, die auf Vermittlung von Malvida von Meysenbug 1860 zu den Unkosten der Pariser Konzerte 3000 frcs. beisteuerte. Zwangsvollstreckung kann nur durch sofortiges Einspringen der Kabinettskasse verhindert werden, die 2400 Gulden auszahlt. Am gleichen Tag erkrankt die Isolde Malwine Schnorr von Carolsfeld, so daß die Uraufführung des »Tristan« erneut verschoben werden muß.
28. Mai: Ludwig II. an Wagner: »Eine unaussprechliche Freude würden Sie mir mit einer ausführlichen Beschreibung Ihres Geistesganges und auch äußerlichen Lebens bereiten!«
Juni: Das Münchner Volkstheater spielt »Tristanderl und Süßholde«, Parodie einer »Zukunftsoper«.
10. Juni: In Gegenwart des Königs Uraufführung von »Tristan und Isolde. Eine Handlung«, mit Ludwig und Malwine Schnorr von Carolsfeld in den Titelrollen, Mitterwurzer als Kurwenal, Dirigent: Hans von Bülow. Die Premiere ist ein künstlerischer Erfolg, die Kritik spricht von »Disharmonie« und »Schamlosigkeit«, und Ed. Schelle urteilt: »Das Gedicht ist in jeder Beziehung eine Absurdität, die Musik, mit Ausnahme einiger Partien, das raffinierte Gebräu einer abgelebten, krankhaften Phantasie.« Die musikgeschichtliche Zäsur (Aufhebung der Tonarten-Autokratie) wird erst im 20. Jahrhundert voll erkannt.
13. Juni: Zweite Aufführung.
19. Juni: Nach einer ersten Begegnung mit Richard Wagner, zu dessen entschiedenem Anhänger er wird, besucht Anton Bruckner die dritte Aufführung von »Tristan und Isolde« in München.
1. Juli: Vierte und letzte Aufführung. In diesen vier Aufführungen vollendet sich, nach allgemeiner und auch Wagners Auffassung, die Laufbahn eines der begabtesten Sängers seiner Zeit, Ludwig Schnorr von Carolsfeld.
12. Juli: Aufführung von Bruchstücken aus Wagners Musikdramen für Ludwig II. im Münchner Residenztheater, unter Wagners Leitung, mit Schnorr von Carolsfeld.

13. und 16. Juli: Audienzen bei Ludwig II. in Schloß Berg.
17. Juli: Wagner beginnt, Cosima die über 1000seitige Autobiographie »Mein Leben« in die Feder zu diktieren.
21. Juli: Wagner teilt Ludwig II. den Beginn der Niederschrift von »Mein Leben« mit: »Freundin Cosima ruht nicht, mich an den Wunsch unseres Königs zu mahnen.« Nach 40 Seiten wird an diesem Tag das Diktat unterbrochen, da die Nachricht von Schnorrs Tod eintrifft. Er ist in Dresden an Typhus oder Nervenfieber gestorben.
22. Juli: Wagner und Bülow reisen nach Dresden, wo sie am nächsten Tag – jedoch zu spät zu Schnorrs Begräbnis – eintreffen und abends noch nach Prag weiterreisen.
25. Juli: Wieder in München.
28. Juli: Bei Ludwig II. in Schloß Berg.
9.–21. August: Wagner ist Gast des Königs in dessen Jagdhütte auf dem Hochkopf am Walchensee, wo Wagner »Die Elenden« von Hugo und das »Ramayana« in Holtzmanns Übersetzung liest. Am 12. August schreibt er ein Gedicht »Am Abgrund« für Ludwig II.
26. August: »Wie wunderbar! – der König verlangt sehnlich von Parzival zu hören« (BB).
27.–30. August: Nach seiner Rückkehr verfaßt Wagner einen ersten Prosaentwurf für »Parzival« (vorläufig in alter Schreibweise). Erstschrift für Cosima im »Braunen Buch«.
31. August: Reinschrift des »Parzival«-Entwurfs für Ludwig II.
14.–27. September: Wagner verfaßt für Ludwig II. in loser Folge die erst 1878 auszugsweise veröffentlichten Aufzeichnungen »Was ist deutsch?« Der deutsche Geist sei an Bach zu begreifen, nämlich überall da, wo »das Schöne und Edle nicht um des Vorteils« willen in die Welt trete. Wagner argumentiert gegen die Pariser »Spektakeloper« und zugleich gegen »französisch-jüdisch-deutsche Demokratie«, die im Deutschen nicht heimisch sei und das Edle verderbe.
2. Oktober: Ludwig II. empfängt Wagner in München.
11. Oktober: »Bruch mit Pfistermeister« (AN). Die Stimmung am Hof und unter der Bevölkerung richtet sich immer eindeutiger gegen Wagner, den die Münchner – in Anspielung auf die Affäre Ludwigs I. mit Lola Montez – »Lolus« oder »Lolotte« nennen. Auch über die Beziehungen Wagners zur Frau seines Kapellmeisters sind Gerüchte im Umlauf.

18. Oktober: Der König zahlt Wagner, auf der Basis eines neuen Anstellungsvertrags, 40 000 Gulden aus. Die Finanzkasse händigt Cosima, die mehr und mehr Wagners Geschäfte führt, das Geld in Säcken mit hartem Silbergeld aus, die sie in der Kutsche nach Hause karrt. Neue Erregung in der Stadt.
23.–28. Oktober: Wagner in Wien. Gespräche mit Fröbel.
11.–18. November: Wagner ist Gast Ludwigs II. in Schloß Hohenschwangau, wo für ihn eigens ein Schlaf- und Musikzimmer eingerichtet ist. Wagner musiziert für den König.
26. November: Der Münchner »Volksbote« veröffentlicht einen Angriff gegen Wagner, der daraufhin den Fehler begeht, sich auch gegenüber Ludwig II. in die Kabinettspolitik einzumischen.
29. November: Wagner geht in die offensichtlich gestellte Falle und läßt anonym einen Angriff auf die leitenden Hofbeamten in den Münchner »Neuesten Nachrichten« erscheinen. Sein Dementi, er sei nicht der Verfasser, ist unglaubwürdig.
1. Dezember: Von der Pfordten an Ludwig II.: Sie haben »zu wählen zwischen der Liebe und Verehrung Ihres treuen Volkes und der Freundschaft Richard Wagners«.
2. Dezember: Wagner beendet die Partiturerstschrift von »Siegfried« II.
6. Dezember: Das Kabinett droht in einer eilends einberufenen Sitzung mit Rücktritt, eine Revolution in Bayern erscheint nicht ausgeschlossen. Um nicht, wie sein Großvater, einen Sturz zu riskieren, läßt Ludwig II. Wagner durch Kabinettssekretär Lutz die Aufforderung überbringen, Bayern zu verlassen.
10. Dezember: Nach »Korrespondenz mit dem König die drei Nächte« hindurch (AN) trennt sich Wagner von Cosima, Porges und Cornelius und reist ab nach Bern, das er abends erreicht.
12. Dezember: Von Bern nach dem östlich Vevey gelegenen La-Tour-de-Peilz am Genfer See.
um den 17. Dezember: Wagner trifft sich in Vevey mit dem Großherzog Friedrich I. von Baden und spricht mit ihm über die deutsche Politik. Draeseke kommt aus Lausanne zu Besuch.
20. Dezember: Wagner begibt sich nach Genf.

23. Dezember: Wagner mietet sich das Landhaus »Les Artichauts« bei Genf und zieht fünf Tage später ein, König Victor Emanuel von Italien verleiht Richard Wagner den Orden »dei Santi Maurizio e Lazaro«.

– Hippolyte Taine: Milieutheorie.

Tribschen (1866–1870)

1866

2. Januar: Ludwig II. äußert Abdankungs- und Selbstmordabsichten.
3. Januar: Wagner über seine Autobiographie: »Natürlich ist dieses Diktat nicht für die Öffentlichkeit bestimmt: es soll nur nach meinem Tode zum wahrhaftigen Anhalt für denjenigen dienen, der berufen sein sollte, mein Leben der Welt zu beschreiben« (an Luise Brockhaus).
12. Januar: Wagner nimmt die Vertonung des I. Akts der »Meistersinger« wieder auf. Der päpstliche Nuntius berichtet aus München, die liberale Fortschrittspartei empöre sich gegen Wagners Ausweisung – indessen versichert Wagner dem König, er sei »durch und durch königlich«, »nur die deutschen Fürsten können Deutschland retten« (am 8. Januar).
22. Januar: Auf der Suche nach einem anderen Wohnsitz reist Wagner nach Lyon, am nächsten Tag in Toulon.
24. Januar: Wagner in Hyères und weiter nach Marseille.
25. Januar: Minna Wagner stirbt morgens in Dresden.
28. Januar: Wagner entwirft die dramatische Skizze zu »Rolands Tod«. Ludwig II. an Wagner: »Ich kann nicht schildern, wie ich Sie liebe«, »vor Ihrer Büste . . .knie ich anbetend, ich vergieße Tränen, bittere Tränen«.
29. Januar: Wieder in Genf, inszeniert Wagner dem verstorbenen Hund Pohl in einer Gefühlsaufwallung ein Begräbnis-Ritual.
21. Februar: Wagner schließt die Kompositionsarbeit am I. Akt der »Meistersinger« ab und beendet die Orchesterskizze.
8. März: Cosima trifft mit ihrer Tochter Daniela in Genf ein

und nimmt am folgenden Tag die Niederschrift von Wagners Autobiographie wieder auf.
19. März: Wagner in einem Brief an Konstantin Frantz: »Ohne Deutschlands Größe war meine Kunst ein Traum.«
23. März: Wagner schließt die Partitur-Arbeiten am I. Akt der »Meistersinger« ab.
30. März: Von Genf über Lausanne, Bern und Interlaken kommend, erreichen Cosima und Wagner den Vierwaldstätter See und erblicken das idyllisch gelegene Haus Tribschen auf einer Halbinsel bei Luzern. In Luzern übernachtend, reist Cosima am nächsten Tag nach München zurück, Wagner nimmt von ihr in Romanshorn Abschied und erreicht Genf am 1. April.
1. April: Ferruccio Busoni in Empoli geboren.
4. April: Wagner begibt sich nach Tribschen und mietet das Haus. Er wohnt in Luzern im »Schweizerhof«.
15. April: Wagner bezieht das Haus Tribschen; Ludwig II. übernimmt die Mietkosten.
29. April: Wagner warnt Ludwig II. vor Bismarck: »wie dort ein ehrgeiziger Junker seinen schwachsinnigen König auf das frechste betrügt und ihn ein unehrenwertes Spiel spielen läßt«, so sehe er Deutschland untergehen: »Zu was dann mein Leben, mein Wirken, mein Schaffen? Zu was die göttliche Liebe meines holden Erlösers, der mich und meine Werke der Welt erhält?«
12. Mai: Cosima trifft mit ihren Kindern Daniela, Blandine und Isolde in Tribschen ein.
15. Mai: Wagner beginnt am II. Akt der »Meistersinger« zu komponieren. Ludwig II. telegrafiert Wagner Abdankungspläne, zwei Tage später rät Wagner zu Geduld und Staatsgeschäften.
18. Mai: Cosima an Ludwig II.: »Gestern nahmen wir die Biographie wieder auf. Des Morgens schreibe ich ab, abends diktiert der Freund.«
22. Mai: Ludwig II. verläßt insgeheim München und trifft nach dem vorausgesandten Fürsten Paul von Taxis in Tribschen ein. An der Tür meldet er sich als »Walther von Stolzing«. Zwei Tage nach Wagners Geburtstag reist er zurück nach Schloß Berg. Große Empörung in der Öffentlichkeit, daß der König angesichts der gespannten politischen Lage sich ins Haus dieses »Schuldenmachers« begeben habe.

Ende Mai: »Große Münchner Agitation: Telegramme« (AN).
Anfang Juni: »Röckels Besuch. Begleitung bis Romanshorn« (AN). Unter dem Einfluß der politischen Gedanken von Konstantin Frantz, auf den er im vergangenen Herbst aufmerksam geworden ist und mit dem er korrespondiert, verfaßt Wagner ein politisches Programm: Bayern solle Deutschland retten. »Der von Preußen u. Österreich tatsächlich verlassene deutsche Bund hat sofort zu seiner Erhaltung seine eigene, selbständige Politik zu führen.« Ludwig II. möge sämtliche deutsche Bundesfürsten, »mit Ausnahme der wegen Bundesbrüchigkeit zu richtenden Souveräne Preußens u. Österreichs, nach Bamberg oder Nürenberg berufen«.
6. Juni: Bülow bittet in München um seine Entlassung.
8. Juni: Wagner beginnt mit der Orchesterskizze zu »Meistersinger« II.
10. Juni: Hans von Bülow, der seinen Namen rein zu erhalten versucht, offenbar aber vollständig in das Verhältnis Wagners mit Cosima eingeweiht ist, trifft in Tribschen ein.
11. Juni: Ludwig II. unterzeichnet eine von Wagner verfaßte, für die Presse bestimmte Erklärung an Bülow, die diesen und Cosima gegen alle Gerüchte in Schutz nimmt und praktisch einer königlichen Ehrenerklärung für Wagner, Bülow und Cosima gleichkommt.
vor dem 14. Juni: Dr. Wille versucht in Bismarcks Auftrag über Wagner Einfluß auf den König von Bayern zu nehmen. In einem Brief an Wille schreibt Wagner: »was dem Deutschen frommt, hat er erst zu erfahren, wenn Bis(marck) u. ähnliche schlechte Copien des undeutschesten Wesens vollständig zu Ende sind. Ich kann und will unter keiner Bedingung dem j(ungen) K(önig) v. B(ayern) zu einer Teilnahme an jener Politik geraten wissen.«
14. Juni: Der preußisch-österreichische Krieg bricht aus, Bayern auf der Seite Österreichs.
23. Juni: Wagner an Röckel: »Über den deutschen Bund hat Gott gesprochen: elender als er kann nichts zu Grunde gehen. (...) Freund! Willst und mußt Du noch Politik treiben, so – halte Dich an Bismarck u. Preußen. Hilf Gott, ich weiß nichts andres.«
3. Juli: Niederlage der Österreicher bei Königgrätz.
10. Juli: Niederlage der Bayern bei Kissingen. Ludwig II. äußert erneut Absichten, die Krone niederzulegen.

15. Juli: »Pilatus. Abdankungstelegramm. Draeseke« (AN).
21. Juli: Ludwig II. schreibt an Cosima, er gedenke abzudanken und München zu verlassen, er ertrage es nicht, »länger von Ihm, der mein Alles ist, getrennt sein zu müssen«.
24. Juli: Wagner mahnt zu Geduld und erwähnt den vor Monaten gefaßten Plan, Nürnberg als Festspielort der »Meistersinger« zu wählen. Der König solle auch die Regierung dahin verlegen.
August: Konstantin Frantz zu Besuch in Tribschen, auch Ollivier.
22. August: Der Berliner Vertrag beendet den preußisch-österreichischen Krieg. Preußens Hegemonie gestärkt.
1. September: Hans und Cosima von Bülow reisen nach München.
6. September: Wagner beendet die Kompositionsskizze zu »Meistersinger« II.
15. September: Hans von Bülow zieht nach Basel.
23. September: Orchesterskizze »Meistersinger« II beendet.
28. September: Cosima trifft wieder in Tribschen ein. Wagner schreibt die Melodie von Stolzings Preislied nieder.
2. Oktober: Beginn der Kompositionsarbeit am III. Akt der »Meistersinger«.
5. Oktober: Fortsetzung des Diktats von »Mein Leben«.
8. Oktober: Beginn der Orchesterskizze »Meistersinger« III.
30. Oktober: Der junge Hans Richter nimmt seine Tätigkeit als Wagners Sekretär und Kopist in Tribschen auf. Zwei Tage später beginnt er mit der Abschrift der »Meistersinger«-Partitur.
November: Die exzentrisch gewordene Malwine Schnorr entfesselt unter dem Eindruck von »Geisterbotschaften«, die ihr befehlen, Wagner zu heiraten, einen Sturm von Aufregungen, da sie aus Eifersucht Cosima am Hof denunziert. Ludwig II. beginnt zum erstenmal zu befürchten, daß er durch seine Ehrenerklärung für Wagner und Cosima vom Juni bloßgestellt worden sein könnte.
Dezember: Nach Pfistermeister (im Oktober) tritt auch von der Pfordten zurück, dessen Amt der auch von Wagner dem König empfohlene Fürst Hohenlohe-Schillingsfürst übernimmt.
24. Dezember: »Zu Weihnacht auch Verse« (AN). Wagner schreibt Stolzings Preislied nieder.

31. Dezember: Bülow, der nach München zurückwill, zu Besuch.

– Friedrich Albert Lange: »Geschichte des Materialismus«. Dostojewskij: »Schuld und Sühne«. Siemens erfindet den Dynamo.

1867

1. Januar: Wagner bespricht mit Semper in Zürich das Münchner Theatermodell.
21. Januar: »Parzival Bräutigam« (AN), das heißt: Ludwig II. mit seiner Cousine Herzogin Sophie Charlotte in Bayern verlobt.
28. Januar: In der Nacht fällt die Entscheidung für die politische Schlußansprache Sachsens in den »Meistersingern«: »Habt acht! Uns dräuen üble Streich'«.
7. Februar: Kompositionsskizze »Meistersinger« III beendet.
17. Februar: Eva, zweites Kind Cosimas und Wagners, in Tribschen-Luzern geboren. Bülow nachmittags eingetroffen, an Cosimas Bett: »Je pardonne«, Cosima antwortet: »Il ne faut pas pardonner, il faut comprendre.«
5. März: Orchesterskizze »Meistersinger« III beendet.
9. März: Wagner reist nach München, am nächsten Tag Audienz bei Ludwig II. – Auch Röckel, Cornelius, Hohenlohe gesehen. Mit ihm über Politik.
16. März: Zusammenkunft Wagners mit Herzogin Sophie, streng geheim, um sie nicht zu kompromittieren. Am nächsten Tag erneut beim König, der die Ausbezahlung von 12 000 Gulden anordnet. »Physiognomische Veränderung« (AN) an ihm wahrgenommen. Zwei Tage später kehrt Wagner nach Luzern zurück.
22. März: Wagner beginnt mit der Partitur zu »Meistersinger« II. Tausig fertigt einen Klavierauszug an.
28. März: Wiederaufnahme des Diktats von »Mein Leben«.
31. März: An den König: »O Parzifal! Wie muß ich Dich lieben, mein trauter Held!«
4. April: Erneut nach München, am nächsten Tag Audienz bei Ludwig II. Bülow wird Hofkapellmeister und Leiter der künftigen königlichen Musikschule. Wagner trifft Hohenlohe und Röckel.

7. April: Wagner nach Basel, um Bülow die Berufung zu bringen.

9. April: Wagner und Cosima begeben sich nach Tribschen.

15. April: Längere Unterbrechung des Diktats von »Mein Leben«, da Cosima am nächsten Tag Tribschen wieder verläßt.

25. April: In einem Brief an Ludwig II. beklagt Wagner, daß Bayern als Schiedsrichter nicht den Deutschen Bund gerettet habe. »Dies wurde versäumt, weil der bayerische Minister bereits mit Preußen unter einer Decke spielte: der von ihm geführte schmachvolle Scheinkrieg, die daraus entstehende Schwächung und Beschämung Bayerns, hat im Lande eine verzweiflungsvolle Stimmung hervorgerufen: offen wendet sich Alles zu Preußen, um wenigstens einer kräftigen Regierung und Organisation teilhaftig zu werden.« Bayern könne sich jetzt seine Selbständigkeit nur noch durch eine Allianz mit Preußen erhalten.

19. Mai: Semper zu Besuch.

21. Mai: Nach München, am nächsten Tag von Ludwig II. in Schloß Berg empfangen.

30. Mai: Wagner bezieht das vom König für ihn gemietete Haus Prestele bei Starnberg, da der König ihm nahe sein will.

6. Juni: Ludwig II. kommt in den Abendstunden zu Wagner geritten.

11. Juni: Verstimmung bei der Generalprobe zum neueinstudierten »Lohengrin«. Der König läßt den 60jährigen Tichatschek gegen Wagners Willen absetzen, da er nicht mehr dem Idealbild eines strahlenden Helden entspricht.

13. Juni: Wagner verläßt daraufhin verstimmt Haus Prestele und kehrt zwei Tage später nach Luzern zurück.

21. Juni: »Bereuende Königsbriefe« (AN). Ludwig II. schreibt: »Ich küsse die Hand, die mich geschlagen.«

22. Juni: Wagner vollendet die Partitur »Meistersinger« II.

26. Juni: Wagner beginnt mit der Partitur »Meistersinger« III.

gegen Mitte August: Cosima in Tribschen. Dr. Willes zu Besuch.

16. September: Cosima mit den Töchtern zu ihrem Mann nach München, wo Anfang Oktober Liszt sie besucht.

September: Wagners Lektüre: Schillers »Wallenstein«, Goethes »Faust« II. Er beginnt die auf 15 Artikel geplante Serie »Deutsche Kunst und deutsche Politik« zu schreiben. Darin heißt es: »Auch Preußen muß und wird erkennen, daß der deutsche Geist es war, der in seinem Aufschwunge gegen die französische Herrschaft ihm einst die Kraft gab (...), von dem sich es leicht reden läßt, der aber unserer Einsicht, unserem Gefühle kenntlich nur erst noch in dem idealen Aufschwunge der großen Schöpfer der deutschen Wiedergeburt des vorigen Jahrhunderts nachweisbar ist.« Wagner tadelt die Kunstfeindlichkeit des deutschen Bürgertums, den französischen Einfluß, und nennt den Kotzebue-Mord durch Sand eine »ahnungsvoll merkwürdige Tat«; gewiß sei, daß »Kotzebues Geisteserben das deutsche Theater gehörte«.

24. September: Fröbels »Süddeutsche Presse«, auf Veranlassung Hohenlohes gegründet, beginnt zu erscheinen. Darin Abdruck von Wagners Artikelserie »Deutsche Kunst und deutsche Politik«. Die Öffentlichkeit wittert Kumpanei der Achtundvierziger.

9.–10. Oktober: Zu einer Unterredung über Cosima weilt Liszt in Tribschen. »Liszts Besuch: gefürchtet, doch erfreulich« (AN). In Gegenwart Pohls und Hans Richters spielt Wagner Liszt aus den »Meistersingern« vor.

11. Oktober: Ludwig II. löst seine Verlobung mit Sophie.

24. Oktober: Abends acht Uhr schließt Wagner die Partitur der »Meistersinger« ab.

28. Oktober bis 4. November: Wagner reist nach Paris und besucht den letzten Tag der Weltausstellung. Er wohnt im »Grand Hotel«. Zusammensein mit Truinet, Metternichs und Toussaint.

Anfang November: Cosima an Ludwig II. über Wagner: »Er fühlt sich wohl auf Tribschen und korrigiert nun an der Biographie.«

1. Dezember: Hans Richter nach München, wo er Ende Dezember seine Stellung als Repetitor am Hoftheater antritt.

19. Dezember: Ludwig II. verbietet nach der 13. Folge die »selbstmörderischen« Artikel Wagners (»Deutsche Kunst und deutsche Politik«) in der halbamtlichen »Süddeutschen Presse«. Neue Verstimmung auf Seiten Wagners.

23. Dezember: Wagner nach München.

27. Dezember: Wegen Äußerungen Fröbels über Cosima kommt es zu »Warnungen« des Königs an Cosima. Nach ei-

ner Audienz Wagners bei Ludwig II. am nächsten Tag wird der Konflikt von Ludwig II. brieflich beigelegt.
Silvester: Wagner bei Cornelius, mit Porges und Richter.

– Ibsen: »Peer Gynt«. Karl Marx: »Das Kapital« Bd. I. Gründung des Norddeutschen Bundes. Nobel erfindet das Dynamit.

1868

Januar/Februar: »Viel Hartes und Leidenvolles. Öfters unwohl« (AN). Unterredungen mit Intendant Perfall, Draeseke und Lachner.
9. Februar: Wagner kehrt nach Tribschen zurück.
um den 17. Februar: Niederschrift der »Annalen« genannten Tagebuchnotizen über die Zeit bis zum Jahresende 1867.
9. März: Ludwig II. bricht das Schweigen: »Ich halte es nicht mehr länger aus, so ganz ohne Nachricht von Ihnen zu sein!« Der Brief des Königs weckt erneut Hoffnung auf das Theaterprojekt. Wagner antwortet: »Warum jetzt mir wieder diese alten Zauberklänge einer Liebe, die – ach! – nun wie berauschendes Gift in meine Lebensadern dringen muß? Ja! es war schön!«
16. März: Wagner beendet das Vorwort zur Buchausgabe »Deutsche Kunst und deutsche Politik« und begibt sich am nächsten Tag nach München. »Meine Ankunft scheint den König zu überraschen. Er läßt nichts von sich hören noch sehen« (AN). Ein Bote des Stadtgerichts treibt, mit Androhung von Schuldhaft, eine Schuld über 2197 Gulden aus dem Jahr 1847 ein. Zwischen Ludwig II. und Semper kommt es zum Bruch, Semper verlangt Auszahlung seines Honorars, das Theaterprojekt ist gescheitert.
4. April: Bruckner bringt als Chormeister der Liedertafel in Linz/Donau mit Genehmigung Wagners zwei Monate vor der Uraufführung die Schlußszene der »Meistersinger« zur Aufführung.
April: »Unmöglichkeit des Versuches mit München bereits klar erkannt« (AN).
21. April und 7. Mai: Zwei Niederschriften zu einer »Trauersymphonie zu Romeo und Julia«, as-moll-Thema.

ab 22. April: Wagner wieder in Luzern, ohne den König gesprochen zu haben.
26. April: Wagner beendet die erste Niederschrift des Vorworts zur 2. Auflage von »Oper und Drama«, Konstantin Frantz gewidmet. Anordnung einer Gesamtausgabe der Schriften in 10 Bänden.
3. Mai: Wagner beendet die erste Niederschrift seiner »Erinnerungen an Ludwig Schnorr von Carolsfeld« und beschäftigt sich erneut mit dem Projekt »Die Sieger«.
gegen Mitte Mai: Ankunft Cosimas in Tribschen. »Große Wildnis der Empfindungen: stets neue Schwierigkeiten. Unsäglicher Liebeskummer. Bin zu Flucht und Verschwinden geneigt: Harz, Eisleben!« (AN).
20. Mai: Cosima reist nach München zurück, Wagner folgt am nächsten Tag, um die »Meistersinger«-Proben zu überwachen, und wohnt bei Bülows.
22. Mai: Zu Wagners Geburtstag fährt Ludwig II. mit ihm auf dem Dampfer »Tristan« zur Roseninsel im Starnberger See, wo sie gemeinsam zu Mittag essen.
bis zum 19. Juni: Ausfahrten mit Cosima. Bis zur »Meistersinger«-Pemiere treffen in München ein: Jessie Laussot, Mathilde Maier, Malvida von Meysenbug aus Florenz, die Gräfin Claire Charnacé (Tochter der d'Agoults und Halbschwester Cosimas) aus Paris, sowie die Franzosen Leroy und Chandon.
19. Juni: Generalprobe im Hoftheater, in Gegenwart Ludwigs II.
21. Juni: Uraufführung der »Meistersinger von Nürnberg«. Wagner wird während des Vorspiels in die Königsloge gerufen und nimmt dort auf Ludwigs Befehl nach den Akten stehend die Ovationen entgegen – ein unerhörter Verstoß gegen die Etikette. Dirigent ist Hans von Bülow. Hans Sachs: Franz Betz. Stolzing: Franz Nachbaur. Eva: Mathilde Mallinger. Einstudierung der Sänger: Tausig. Eduard Hanslick über den seit »Rienzi« größten Premieren-Erfolg Wagners: »Herr Betz verdient für seinen Hans Sachs um so größeres Lob, als die darauf verwendete unsägliche Mühe sich nicht lohnt und die Partie durchaus undankbar ist. Sachs hat zahlreiche Monologe und Dialoge, mit welchen er die Zuhörer unaussprechlich langweilt.« Hier habe ein geistreicher Grübler ein System geschaffen, »das in seinen Grundsätzen ir-

rig, in seiner konsequenten Durchführung unschön und unmusikalisch ist. Wir zählen die ›Meistersinger‹ zu den interessanten musikalischen Ausnahms- oder Krankheitserscheinungen« (»Neue Freie Presse«, Juni 1868). Dennoch setzt sich das Werk mit großer Geschwindigkeit durch, wobei allerdings das Ineinander bürgerlich-demokratischer und nationaler Inhalte sowohl in der öffentlichen Aufnahme wie in der Fachkritik für fast ein Jahrhundert zuungunsten der ersteren verkannt wird.

24. Juni: Auf der Heimfahrt nach Luzern drängt sich Wagner das jubelnde Thema des »Siegfried«-Finales auf. In Tribschen erkrankt er für zehn Tage und empfindet tiefste Mutlosigkeit.

22. Juli: Röckels Äußerungen über Wagners Verhältnis zu Cosima lösen einen Briefwechsel mit dem König und Cosimas Abreise nach Tribschen aus. Bruch zwischen Röckel und Wagner.

28. Juli: In Tribschen wird das Diktat von »Mein Leben« fortgesetzt.

August: Fünftägiger Besuch von Cornelius in Tribschen. Pariser Kontrakt über »Rienzi«. Dreitägiger Ausflug nach Interlaken.

19. und 22. August: Skizzenhafte Entwürfe Wagners im »Braunen Buch« zu einem Schauspiel »Luthers Hochzeit«, während der »Parsifal«Zeit noch einmal aufgegriffen.

28. August: Fürst Rudolf Liechtenstein, Verehrer Wagners aus der Wiener Zeit 1861/63, zu Besuch in Tribschen.

10. September: Aus Enttäuschung über Laubes Kritik an den »Meistersingern« dichtet Wagner Spottverse gegen Laube, der Leipziger Theaterdirektor geworden ist. Ende der alten Freundschaft.

14.–17. September: Wagner und Cosima (mit dem Diener Jakob Stocker) reisen nach Italien. Über den St. Gotthard, Stresa und die Borromeischen Inseln erreichen sie Genua.

28. September: Von Mailand über Como nach Lugano. Schwere Unwetter überschwemmen und verwüsten das Land; am nächsten Tag Ankunft in Bellinzona.

1. Oktober: Fahrt nach Biasca. Wegen der Überschwemmungen zu Fuß über Bodio, Giornico, Lavorno bis Faido. Unterwegs erneut furchtbares Gewitter.

3. Oktober: Cosima schreibt an Bülow, vermutlich über ihre

Absicht, bei Wagner zu bleiben. Am nächsten Tag anstrengender und gefahrvoller Marsch bis Airolo.

5. Oktober: Über den St. Gotthard, Andermatt, Amsteg nach Flüelen. Am andern Tag zurück nach Tribschen. »Was wollte das Schicksal?« (AN).

14. Oktober: Cosima, die mit ihren vier Töchtern nach München zu einer Aussprache mit Bülow reist, wird von Wagner bis Augsburg begleitet. Wagner am nächsten Tag zurück nach Tribschen. Anschließend heftige briefliche Auseinandersetzungen: Cosima beabsichtigt, wegen ihrer Scheidung nach Rom zu reisen, Wagner ruft deren Halbschwester Gräfin Charnacé herbei, um Cosima von dem Plan abzubringen. Wagner hat vor Cosimas Abreise auch den König über seine wahren Gefühle Cosima gegenüber informiert.

28. Oktober: »Bekehrung« Nietzsches zur Musik Wagners beim Anhören der »Tristan«- und »Meistersinger«-Ouvertüren, »jeder Nerv zuckt an mir« (an Erwin Rohde).

1. November: Wagner nach München. Keine Audienz beim König, der sich getäuscht fühlt. Schon am nächsten Tag reist Wagner nach Leipzig zu seinem Schwager Hermann Brockhaus.

8. November: Wagner lernt bei Brockhaus den 31 Jahre jüngeren Friedrich Nietzsche kennen. Nietzsche am folgenden Tag an Rohde: »Ich werde Richard vorgestellt und rede zu ihm einige Worte der Verehrung: er erkundigt sich sehr genau, wie ich mit seiner Musik vertraut geworden sei, schimpft entsetzlich auf alle Aufführungen seiner Opern, mit Ausnahme der berühmten Münchener und macht sich über die Kapellmeister lustig, welche ihrem Orchester im gemütlichen Tone zurufen: ›Meine Herren, jetzt wird's leidenschaftlich‹, ›Meine Gutsten, noch ein bißchen leidenschaftlicher!‹ W. imitiert sehr gern den Leipziger Dialekt. – (...) Vor und nach Tisch spielte Wagner und zwar alle wichtigen Stellen der Meistersinger, indem er alle Stimmen imitierte und dabei sehr ausgelassen war. Er ist nämlich ein fabelhaft lebhafter und feuriger Mann, der sehr schnell spricht, sehr witzig ist und eine Gesellschaft dieser privatesten Art ganz heiter macht.« Wagner und Nietzsche treffen sich in ihrer Schopenhauer-Verehrung, Wagner liest aus »Mein Leben« eine Episode aus dem Leipziger Studienleben vor und lädt Nietzsche schließlich ein, ihn in Tribschen zu besuchen.

9.–11. November: Rückreise Wagners nach Luzern, über Augsburg und München.
12. November: Rossini stirbt in Paris.
16. November: Cosima zieht mit ihren Töchtern Isolde und Eva endgültig zu Wagner nach Tribschen und führt ab 1. Januar ein Tagebuch. Sie bringt Stetigkeit in Wagners Schaffen, drängt sein sozialistisches und revolutionäres Denken zurück und begünstigt stattdessen elitäre, antifranzösische und antijüdische Einflüsse, obwohl Juden (wie Porges, Tausig, Mottl, später Neumann, Levi) ständig zu Wagners intimsten Freunden zählen.
19. November: Wiederaufnahme des Diktats von »Mein Leben«. Wagner nimmt die »Siegfried«-Partitur wieder vor.
7. Dezember: Wagner beendet »Eine Erinnerung an Rossini«.
gegen Jahresende: »Sonst viel Körner und etwas Schiller.« »Reinschrift von Siegfried I. Akt beendigt. Judentum wieder ins Auge gefaßt« (AN, zugleich Ende der Aufzeichnungen Wagners). Wagner schreibt den Brief an Frau von Muchanoff: »Aufklärungen über das Judentum in der Musik« und verteidigt darin seinen früheren Aufsatz: »Die Theater den Junkern und dem Kulissenjux, die Konzertinstitute den Musikjuden: was blieb uns da noch übrig?« (datiert Neujahr 1869). Der Brief verrät, daß Wagner sich eine jüdische Verschwörung gegen sein Werk neuerdings einredet.

– Bruckners 1. Symphonie in Linz. Wagner schreibt eine stilkritische Analyse über Eduard Devrients 1868 erschienenes Buch »Meine Erinnerungen an Felix Mendelssohn-Bartholdy«.

1869

1. Januar: Schopenhauer-Kapitel von »Mein Leben« von Cosima aufgezeichnet.
21. Januar: Nietzsche sieht die Dresdner Erstaufführung der »Meistersinger«.
10. Februar: Versöhnlicher Brief des Königs an Wagner mit der Ankündigung, »Tristan« in München neu einzustudieren und »Rheingold« uraufführen zu lassen. Der zweite

Plan stößt, obwohl München ein Recht darauf hat, bei Wagner auf Widerstand.

13. Februar: Offizielle Ernennung Nietzsches zum Außerordentlichen Professor für klassische Philologie in Basel.

23. Februar: Wagner schließt die Partitur von »Siegfried« II ab. In seine Arbeit ist, wie er am nächsten Tag dem König schreibt, »eine seltsame Gleichmäßigkeit« eingekehrt. Lektüre: Schiller, Goethe, Winckelmann, Shakespeare, Homer, Calderón und die Edda.

1. März: Kompositionsskizze von »Siegfried« III begonnen.

8. März: Hector Berlioz stirbt in Paris.

vor dem Ende des ersten Vierteljahres: Neuausgabe von »Das Judentum in der Musik«. In einem Vorwort beklagt sich Wagner über die ihm »von seiten der Juden (...) widerfahrene Verfolgung«. Selbst Liszt und Bülow sind schokkiert. Wagners Freunde vermuten, er wolle damit alle Brükken zur Welt hinter sich abbrechen.

7. Mai: Die Königliche Akademie der Künste in Berlin wählt Richard Wagner zum auswärtigen Mitglied.

17. Mai: Nietzsche, der am Pfingstsamstag in Luzern eingetroffen ist, wird am Pfingstmontag erstmals als Gast in Wagners Haus empfangen.

22. Mai: Nietzsche dankt Wagner in einem Geburtstagsbrief für die »besten und erhobensten Momente« seines Lebens, die sich an den Namen Wagner knüpfen. Hans Richter ist bei Wagner zu Gast.

28. Mai: Nietzsches Basler Antrittsrede: »Homer und die klassische Philologie«.

6. Juni: Siegfried, das dritte Kind Cosimas und Richard Wagners, wird geboren. Seit dem Vorabend ist Nietzsche in Tribschen.

14. Juni: Die Komposition des III. Akts »Siegfried« wird beendet.

15. Juni: Cosima bittet Hans von Bülow brieflich, in die Scheidung einzuwilligen und auch die beiden Töchter Bülows, Daniela und Blandine, der Mutter zu überlassen. Zwei Tage darauf stimmt Bülow zu.

25. Juni bis 5. August: Die Orchesterskizze zu »Siegfried« III entsteht.

16.–25. Juli: Catulle Mendès und Judith Mandès-Gautier, Tochter Théophile Gautiers, in Begleitung von Graf Villiers de l'Isle Adam, in Luzern zu Gast bei Wagner in Tribschen. Ausflüge, Lesungen, Gespräche über Religion und Vorspiel Wagners aus dem »Ring«. Die Gesellschaft reist anschließend nach München zu den »Rheingold«-Proben.

20. Juli: Bülow scheidet von München mit einer Wiederaufführung von »Tristan und Isolde«.

August: Wilhelm Liebknecht und August Bebel gründen in Eisenach die Sozialdemokratische Arbeiterpartei.

25. August: Wagner beginnt mit den Partiturarbeiten am III. Akt »Siegfried«.

27. August: Generalprobe des »Rheingold« in Gegenwart des Königs. Liszt ist anwesend. Tags darauf schildert Hans Richter Wagner die technischen Unzulänglichkeiten. Von Wagner gedrängt, treten daraufhin Richter als Dirigent und Betz von der Rolle des Wotan zurück, ohne daß dadurch König und Intendanz beeindruckt werden.

31. August: Heftigster Ausbruch des inzwischen abgereisten Königs gegen »Wagner und Konsorten«. Auftrag an Perfall, einen neuen Dirigenten zu suchen.

1. September: Wagner nach München; vergeblicher Versuch, die Proben zu überwachen oder die Aufführung zu verhindern. Der König an Pfistermeister: »J'en ai assez!« Wagner reist am nächsten Tag wieder zurück nach Tribschen und droht dem neuen Dirigenten Franz Wüllner: »Hand weg von meiner Partitur! Das rat ich Ihnen, Herr; sonst soll Sie der Teufel holen.«

September: Nietzsche, wie jetzt häufig, einige Tage bei Wagner in Tribschen.

22. September: Uraufführung des »Rheingold« in München, Wagner bleibt demonstrativ fern. Dirigent: Franz Wüllner. Wotan: August Kindermann. Froh: Franz Nachbaur. Karl Brandt leistet als Maschinenmeister derartiges, daß Wagner ihn im Herbst zur Beratung über die »Walküre« heranzieht und ihn später für Bayreuth verpflichtet.

2. Oktober: Wagner beginnt mit der Komposition der Nornen-Szene zur »Götterdämmerung«.

7. Oktober: Nietzsche, vorübergehend in Naumburg, an Erwin Rohde: »Natürlich ist mir Wagner im höchsten Sinne förderlich, vornehmlich als Exemplar, das aus der bisherigen Ästhetik unfaßbar ist.«

Ende Oktober: Wagner schreibt seinen Aufsatz »Über das

Dirigieren«, in dem er mit dem Grundsatz, das jeweilige Tempo aus dem Melos herzuleiten, zum erstenmal eine moderne agogische Interpretation in Worte faßt.
8. November: Wagner komponiert den »Wahlspruch für die deutsche Feuerwehr«.
20. November: In einem Brief an Ludwig II. fragt Wagner: »Wollen Sie mein Werk wie ich es will, – oder: wollen Sie es nicht so?«
Weihnachten: Nietzsche zu Gast in Tribschen. (Ende Januar 1870 an Rohde: »schönste und erhebendste Erinnerung!«) Wagner liest den großen »Parzival«-Entwurf vor, was die Behauptung widerlegt, Nietzsche sei später von Wagners angeblicher Wandlung im »Parsifal« überrascht worden.

– Wagners Aufsatz-Fragment über Hector Berlioz. Gutzkow nennt in der »Gartenlaube« Wagner und seine Anhänger die »Jünglinge mit den langen Zukunftshaaren«. Vatikanisches Konzil in Rom.

1870

5. Januar: Über »Mein Leben« schreibt Wagner an Otto Wesendonk: »Um dieses Manuskript vor Untergang zu schützen, bin ich neuerdings auf den Gedanken gekommen, auf meine Kosten etwa ein halbes Dutzend Exemplare desselben durch Druck herstellen zu lassen.« Gedruckt werden tatsächlich achtzehn Exemplare.
9. und 11. Januar: Wagner nimmt die Komposition des Vorspiels zur »Götterdämmerung« auf und beginnt mit der Orchesterskizze. In einem Brief an Pusinelli in Dresden: »Die realen Gründe zeigen zwei Haupthemmnisse meines Lebens, meine absolute Vermögenslosigkeit und meine zu frühe, so sehr ungeeignete Heirat. Die Besitzlosigkeit war jedenfalls das allerübelste.«
14. Januar: An Cäcilie Avenarius nach Erhalt der Kopien von Familienbriefen: »Mir ist es, als ob unser Vater Geyer durch seine Aufopferung für die ganze Familie eine Schuld zu verbüßen glaubte.«
4. Februar: An Schott: »Sie werden's bald erfahren, daß die

Sauereien des Rheingold sich nun auch an der Walküre wiederholen sollen.«

5. März: Wagner wird bei der Beschäftigung mit seiner Autobiographie – angeregt durch Hans Richter und die Lektüre eines Artikels im Konversationslexikon – auf die Bühne des Markgräflichen Opernhauses in Bayreuth aufmerksam. Er erwägt, dort den »Ring des Nibelungen« aufzuführen.

1. April: Die Berliner Erstaufführung der »Meistersinger« ist ein Mißerfolg. Die Kritik spricht von einem musikalischen »Monstrum« (Allgemeine Musikalische Zeitung« Nr. 17) und von einer grauenvollen »Katzenmusik«, wie sie nicht schlimmer erzeugt würde, »wenn sämtliche Leiermänner Berlins in den Renzschen Circus gesperrt werden, und jeder eine andere Walze drehte« (»Montagszeitung«).

5. Mai: »Die unglaubliche Arbeit der Wiederaufnahme und Vollendung der Nibelungen geht wirklich vor sich«, berichtet Wagner Ludwig II., da die Waltrauten-Szene begonnen ist. »Die Welt, und das da draußen – verstehe ich immer weniger.«

5. Juni: Kompositionsskizze von »Götterdämmerung« I beendet.

11.–13. Juni: Nietzsche und Erwin Rohde verbringen zwei Tage in Tribschen.

15. Juni: Wagner an Ludwig II.: »Noch einmal beschwöre ich Sie, lassen Sie die Walküre für sich aufführen, schließen Sie aber das Publikum aus.«

26. Juni: Gelungene und ungewöhnlich erfolgreiche Uraufführung der »Walküre« in München. Dirigent ist Franz Wüllner. Hans Richter begibt sich für längere Zeit nach Tribschen.

2. Juli: Wagner beendet die Orchesterskizze zum I. Akt der »Götterdämmerung«.

Juli: »Rheingold« und »Walküre« werden insgesamt dreimal abwechselnd in München aufgeführt. Brahms, Joachim, Liszt und die französischen Freunde Wagners sehen die Vorstellungen.

10.–15. Juli: Familienausflug Wagners auf den Pilatus.

13. Juli: Emser Depesche zum Abbruch der Verhandlungen Wilhelms I. mit Frankreich über die spanische Thronkandidatur. Ihre gekürzte Veröffentlichung durch Bismarck am

nächsten Tag löst in Frankreich jene Erregung aus, die zur Kriegserklärung führt.
18. Juli: Cosima wird in Berlin gerichtlich von Hans von Bülow geschieden. Das Vatikanische Konzil verkündet das Unfehlbarkeitsdogma.
19. Juli: Kriegserklärung Frankreichs an Preußen. Sprecher ist der französische Politiker Ollivier, der Schwager Cosimas. Die französischen Freunde Wagners, Catulle Mendès, Judith Mendès-Gautier, Villiers de l'Isle Adam, Saint-Saëns, Duparc und Joly treffen von Weimarer und Münchner Wagner-Aufführungen in der Schweiz ein und besuchen Wagner. Die politischen Gespräche sind gespannt und peinlich, die künstlerischen nicht: Saint-Saëns begleitet Wagner zum Vortrag von »Ring«-Partien am Klavier.
20. Juli bis 7. September: Wagner arbeitet an seiner Schrift »Beethoven«, die Nietzsches Beifall findet und in der Wagner das Supremat der Musik über den Text verteidigt.
August: Nach den Siegen der deutschen Armeen schmäht Wagner, von Cosima sekundiert, in Briefen an französische Freunde Frankreich. Über seine bevorstehende Verbindung mit Cosima schreibt er an Kabinettssekretär Düfflipp: »So verdanke ich auch diesem tiefbeglückenden Bunde die erhebende geistige Pflege, die mir alle Wunden wieder heilt und mit erneuerter Kraft mich der höchsten Bestimmung meines Lebens wieder zuführt.«
25. August: Wagner und Cosima werden in der protestantischen Kirche von Luzern getraut. Zeugen sind Malvida von Meysenbug und Hans Richter.
2. September: Kapitulation der Franzosen bei Sedan.
11. September: Wagner schreibt das Vorwort zu »Beethoven«.
November: Ludwig II. unterzeichnet das Dokument, das den preußischen König auffordert, die Kaiserkrone anzunehmen. Wagner entwirft »Die Kapitulation. Lustspiel von Aristop Hanes«, anschließend ausgeführt als »Eine Kapitulation. Lustspiel in antiker Manier«, Richter zur Vertonung im Offenbach-Stil angeboten und nach Ablehnung durch ein Berliner Theater weggelegt. Wagner verspottet darin sowohl das geschlagene Frankreich, indem er Perrin und Hugo auftreten läßt, als auch die Deutschen, die vor der Pariser Operette kapitulieren.

4. Dezember: Wagner beendet die im Spätherbst begonnene Erstschrift des »Siegfried-Idylls« und fertigt anschließend die Reinschrift der Partitur an.
15. Dezember: Nietzsche an Rohde: »Du kennst wohl auch aus Deinem Besuche in Tribschen den Bayreuther Plan Wagners.« Nietzsche erwägt, parallel zur Festspiel-Idee, »eine neue Form der Akademie in die Welt zu setzen«.
24. Dezember: Der erste Band der bei Bonfantini in Basel gedruckten Memoiren »Mein Leben«, zu dem Nietzsche Korrektur gelesen hat, ist ausgedruckt und wird an Ludwig II., Franz Liszt und Gräfin Marie von Schleinitz übersandt.
25. Dezember: Wagner führt am Weihnachtsmorgen zu Cosimas Geburtstag das »Siegfried-Idyll« im Treppenhaus von Tribschen auf. Auch Nietzsche ist anwesend.

– Anselm Feuerbach: »Das Urteil des Paris«.

Bayreuth (1871–1883)

1871

Januar: »An das deutsche Heer vor Paris«. Wagner dichtet im Stile Beckmessers: »mit stiller Wucht / in frommer Zucht«, »Du treues Heer«, »in ernstem Schweigen schlägst du deine Schlachten«.
18. Januar: Verkündung des Kaiserreichs im Spiegelsaal von Versailles. Wilhelm I. zum deutschen Kaiser proklamiert.
Januar/Februar: Wagner komponiert den »Kaisermarsch«. Sein Angebot, für den Einzug der Truppen in Berlin eine »Trauersymphonie für die Gefallenen« oder einen Festmarsch mit Volkschor zu schreiben, wird mit dem Hinweis beantwortet, er solle nicht glauben, daß er den deutschen Geist für sich gepachtet habe.
27. Januar: Wiener Erstaufführung des »Fliegenden Holländers«.
5. Februar: Die Partitur von »Siegfried« III und damit das gesamte Werk vollendet.
17. Februar: Wagner, Cosima, die vier Töchter und Richter nach Zürich, Wagner und Familie Gäste Wesendonks, am

nächsten Tag zu Dr. François und Eliza Wille nach Meilen bei Zürich und abends zurück nach Tribschen.

25. Februar: Orchesterskizze des »Kaisermarsches« beendet.

1. März: Brief an Ludwig II. über die Absicht, den Plan eigener Bühnenfestspiele öffentlich darzulegen: »Mein Zweck ist, hierdurch – im günstigsten Falle – ein deutsches National-Unternehmen hervorzurufen, dessen Leitung natürlich mir gänzlich allein nur in die Hände gelegt werden darf.« (Der König am 19. April an Düfflipp: »Der Wagner'sche Plan mißfällt mir sehr.«)

15. März: Partitur des »Kaisermarsches« abgeschlossen.

18. März: Aufstand der Pariser Kommune, der blutig niedergeschlagen wird.

24. März: Niederschrift der Abhandlung »Über die Bestimmung der Oper« abgeschlossen. Wagner betont die »improvisatorischen Elemente« der Opernmusik.

31. März: In Berlin tritt der Reichstag zusammen.

3.–9. April: Nietzsche, aus Lugano kommend, in Tribschen. Er liest aus »Ursprung und Ziel der Tragödie« vor. Wagner verwundert, daß die Schrift seine Kunst nicht behandelt. Nietzsche arbeitet diesen Aspekt in Basel in seine erste große Veröffentlichung ein und ändert den Titel.

April: Wagner beendet »Über die Aufführung des Bühnenfestspiels ›Der Ring des Nibelungen‹« in zweiter Niederschrift.

15. April: Richard und Cosima Wagner treten mit Richter, der sich in Augsburg von ihnen trennt, ihre Reise nach Deutschland an. In Augsburg Aussprache mit Hofrat von Düfflipp, die ohne Ergebnis bleibt. Am nächsten Tag Ankunft in Bayreuth, Hotel »Zur Sonne«.

bis 19. April: Wagner besichtigt das Markgräfliche Opernhaus, findet jedoch die Bühne zu klein und für seine Zwecke ungeeignet. Da ihn die örtlichen Verhältnisse anziehen, faßt er den Entschluß, sich in Bayreuth niederzulassen, ein Festspielhaus zu errichten und Festspiele mit einer Aufführung des »Rings« vorzubereiten. Cosima: »Die Bayreuther Bevölkerung ist in vollem Aufruhr über sein Hiersein« (TC).

20. April: Abreise von Bayreuth, am nächsten Tag in Leipzig, wo mittags eine Probe des »Kaisermarsches« im Stadttheater stattfindet.

23. April: In Dresden Gäste von Dr. Anton Pusinelli.

25. April: Weiterreise nach Berlin, Hotel »Tiergarten«. Karl Tausig wird vorläufiger Geschäftsführer des Patronatvereins. Gespräche mit der Förderin Gräfin von Schleinitz.

28. April: Vor einem Kreis von Künstlern hält Wagner in der Akademie der Künste seinen Vortrag »Über die Bestimmung der Oper«, identisch mit der Abhandlung vom März.

3. Mai: Wagner wird von Bismarck zwar liebenswürdig im Familienkreise empfangen, der Kanzler ist von dem Komponisten jedoch offenbar wenig angetan. Wagner: »Ihn für mich gewinnen, meine Sache zu unterstützen, ihn bitten, kommt mir nicht bei.« »Die Kosten meiner Unternehmung sollen einzig durch Privatpersonen zusammengebracht werden« (an Düfflipp).

5. Mai: Wagner dirigiert im Königlichen Opernhaus ein Konzert vor dem Kaiser, der Kaiserin Augusta und dem Hof zum Besten des »König-Wilhelm-Vereins«, mit dem »Kaisermarsch«, Beethovens c-moll-Symphonie und Stücken aus eigenen Musikdramen.

8. Mai: Abreise nach Leipzig.

10. Mai: Frankfurter Friede, Abtrennung Elsaß-Lothringens von Frankreich. Die Reparationen betragen 5 Milliarden frcs.

12. Mai: Von Leipzig aus kündigt Richard Wagner die ersten Bayreuther Festspiele für 1873 an.

13. Mai: In Darmstadt gelingt es Wagner, Karl Brandt für die technische Einrichtung des zu erbauenden Bayreuther Festspielhauses zu interessieren.

14. Mai: In Heidelberg wird Wagner durch einen anonymen Puppenspieler nachhaltig beeindruckt. Am nächsten Tag Rückkehr nach Tribschen.

22. Mai: Wagner schreibt das Vorwort zur Gesamtausgabe der Schriften und Dichtungen nieder.

30. Mai: Wiener Erstaufführung des »Rienzi« in der Hofoper. Kurz darauf melden sich alte Wiener Gläubiger.

24. Juni bis 25. Oktober: Die Kompositionsskizze von »Götterdämmerung« II entsteht.

27. Juni: Münchner Erstaufführung des »Rienzi«.

5. Juli bis 19. November: Orchesterskizze »Götterdämmerung« II entsteht.

17. Juli: Karl Tausig stirbt, kaum dreißigjährig, in Leipzig an Typhus. Wagner dichtet einen Grabspruch.

August bis 28. September: Bayerische Dissentisten (Döllinger) gegen die Ultramontanen. Ludwig II. verbietet die Jesuiten in Bayern. Wagner entwirft Siegfrieds Trauermusik für den III. Akt der »Götterdämmerung«.

31. Oktober: Wagner schließt die »Erinnerungen an Auber«.

1. November: Wagner gibt dem Bayreuther Gemeinderats-Vorsitzenden Bankier Feustel seine Festspielabsichten bekannt. Auf Bayreuth falle seine Wahl, weil es ihm das Badepublikum fernhalte, kein stehendes Theater habe und in Bayern gelegen sei. In Bologna wird »Lohengrin« aufgeführt: erste Aufführung eines Wagner-Werks in Italien.

7. November: Der Bayreuther Gemeinderat wird ermächtigt, Richard Wagner ein Grundstück für die Errichtung des Festspielhauses zur Verfügung zu stellen.

7. Dezember: Wagner schließt den »Epilogischen Bericht über die Umstände und Schicksale, welche die Aufführung des Bühnenfestspiels ›Der Ring des Nibelungen‹ bis zur Gründung von Wagner-Vereinen begleiteten«. Darin heißt es, das Geheimnis der »politischen Kraft der Nation«, das ein kühner Staatsmann (gemeint ist Bismarck) der Welt aufgedeckt habe, werde in dem Zeugnis dafür bestehen, »daß der nun gefürchtete Deutsche auch in seiner öffentlichen Kunst fernerhin zu achten sei«.

9. Dezember: Wagner reist nach München.

14. Dezember: Weiter nach Bayreuth zu Verhandlungen mit den Behörden.

15. Dezember: Besichtigung eines Bauplatzes nahe St. Georgen. Die Stadt beschließt am gleichen Tag, das (kurz darauf wieder aufgegebene) Grundstück Richard Wagner »für den Bau seines Nationaltheaters« zur Verfügung zu stellen.

16. Dezember: Nach Mannheim, wo auch Cosima und – zu Wagners Mannheimer Konzert – Nietzsche sich einfinden.

20. Dezember: In Mannheim vormittags Probe-Aufführung des »Siegfried-Idylls«, abends Konzert mit Werken von Beethoven, Mozart und eigenen Vorspielen und Stücken zugunsten des neugegründeten »Richard-Wagner-Vereins« (mit Patronat- und Stipendien-Aufgaben). Großherzog Friedrich I. und Großherzogin Luise von Baden unter den Zuhörern. Anschließend Bankett mit Emil Heckel, dem Gründer des Vereins. In der Folge ruft Wilhelm Heinrich Riehl zu »Trutzvereinen gegen Wagner« auf.

22. Dezember: Wagner und Cosima kehren nach Tibschen zurück.

– Verdis »Aida« in Kairo. Darwins »Die Abstammung des Menschen und die geschlechtliche Zuchtwahl«, englisch und deutsch. Zolas »Les Rougon-Macquart« beginnen zu erscheinen. Schliemanns Ausgrabungen in Troja. Deutsche Bank gegründet.

1872

2. Januar: Friedrich Nietzsche sendet Wagner das noch ungebundene Vorausexemplar seiner Schrift »Die Geburt der Tragödie aus dem Geiste der Musik«, »als ein gutes und freundliches Wahrzeichen«. Begeisterte Aufnahme durch Richard und Cosima Wagner in Tribschen.
3. Januar: Wagner an Emil Heckel: »Im Übrigen lebe ich jetzt der allerhand schönen Erwartungen auf den deutschen Nationalgeist, auf welchen ich angewiesen bin.«
4. Januar bis 10. April: Kompositionsskizze des III. Akts der »Götterdämmerung« entsteht.
6. Januar: Alexander N. Skrjabin in Moskau geboren.
8. Januar: Der Bayreuther Gemeinderats-Vorsitzende Bankier Feustel und Bürgermeister Muncker in Tribschen. Da die Erwerbung eines Bauplatzes nahe St. Georgen auf Schwierigkeiten gestoßen ist, hat sich der Gemeinderat von Bayreuth am 2. Januar zum Kauf eines anderen Grundstücks unterhalb der Bürgerreuth entschlossen. Wagner zunächst verstimmt. Es bedarf, nach Muncker, der »ebenso liebenswürdigen wie klugen Zureden« Cosimas, damit die Verhandlungen nicht endgültig scheitern.
24. Januar: Wagner reist nach Basel zu einem Gespräch mit Nietzsche, anschließend weiter nach Berlin zu einer Aussprache mit der die Bayreuther Pläne fördernden, später mitfinanzierenden Gräfin von Schleinitz.
28. Januar: Nietzsche an Rohde: »Ich habe mit Wagner eine Allianz geschlossen.«
29. Januar: Wagner in Weimar bei Intendant Frh. von Loën, zwei Tage später in Bayreuth.
1. Februar: Wagner erwirbt das Grundstück für Haus Wahnfried am Bayreuther Hofgarten zum Preis von 12 000

Gulden. Der Verwaltungsrat der Festspiele wird gegründet und beginnt mit der Ausgabe der Patronat-Scheine.

3. Februar: Wagner reist nach München.

5. Februar: Zurück in Tribschen, Wiederaufnahme der Kompositionsarbeit am III. Akt der »Götterdämmerung«.

8. Februar: Wagner an den Dresdner Arzt Dr. Anton Pusinelli: »Von den Deutschen, und namentlich von seinen ›engeren‹ Landsleuten, muß man sich nun einmal nicht viel erwarten: wenn es einer Lokal-Spielerei gilt, ist das etwas Anderes, aber – ein großer schwungvoller Gedanke, wenn der nicht von oben her commandiert wird – à la Bismarck u.s.w. – Ach! Herr Je! Wir kennen das, und ich weiß auch, was ich von der glorreichen, deutschen Nation zu halten habe.«

9. Februar bis 23. Juli: Orchesterskizze zum III. Akt der »Götterdämmerung« entsteht.

21. April: Wagner beendet den Entwurf der Rede zur Feier der Grundsteinlegung des Bayreuther Festspielhauses. Die Arbeit an der Orchesterskizze zum III. Akt »Götterdämmerung« wird unterbrochen. Der Russe Joseph Rubinstein, der sich im März mit einem Brief angekündigt hatte (»Ich bin ein Jude. Hiermit ist für Sie alles gesagt«), trifft am Vorabend von Wagners Abreise in Tribschen ein und wird von Wagner in die Bayreuther »Nibelungen-Kanzlei« als Kopist aufgenommen.

22.–24. April: Richard Wagner verläßt Tribschen und reist über Darmstadt nach Bayreuth.

25.–27. April: Nietzsches 23. und letzter Besuch in Tribschen, mit Cosima inmitten gepackter Kisten. Aufbruchstimmung.

27. April: Wagner bezieht Hotel »Fantaisie« in Donndorf westlich Bayreuth.

30. April: Cosima Wagner kommt mit den Kindern nach.

6. Mai: Mit Cosima reist Wagner nach Wien.

12. Mai: Wagner gibt ein Konzert im Wiener Wagner-Verein. Hans Richter trifft aus Budapest ein und reist zwei Tage später mit Wagners nach Bayreuth zurück.

18. Mai: Wagner lädt Franz Liszt zur Grundsteinlegung nach Bayreuth ein: »Du kamst in mein Leben als der größte Mensch (...). Du trenntest dich langsam von mir ...« Liszt sendet nur eine Glückwunsch-Botschaft.

20.–21. Mai: Bayreuther Orchesterproben für die Feier der Grundsteinlegung. An den beiden Abenden Réunion für die Gäste in der »Sonne« und ein Besuch der »Fantaisie«.
22. Mai: Vormittags 11 Uhr Grundsteinlegung des Bayreuther Festspielhauses. »Als an jenem Maitage des Jahres 1872 der Grundstein auf der Anhöhe von Bayreuth gelegt worden war, bei strömendem Regen und verfinstertem Himmel, fuhr Wagner mit einigen von uns zur Stadt zurück; er schwieg und sah dabei mit einem Blick lange in sich hinein, der mit einem Worte nicht zu bezeichnen wäre. Er begann an diesem Tage sein sechzigstes Lebensjahr: alles Bisherige war die Vorbereitung auf diesen Moment« (Nietzsche in »Richard Wagner in Bayreuth«, 1876). Auch Nietzsches Freunde Rohde und von Gersdorff halten sich in Bayreuth auf. Wagners Rede im Opernhaus: »Hier darf nichts mehr in bloßen Andeutungen eben nur provisorisch zu Ihnen sprechen; so weit das künstlerische Vermögen der Gegenwart reicht, soll Ihnen im szenischen wie im mimischen Spiele das Vollendetste geboten werden.« Nachmittags 5 Uhr Aufführung der 9. Symphonie Beethovens im Markgräflichen Opernhaus. Konzertmeister: Wilhelmj. 7 Uhr Festbankett in der »Sonne«. Am nächsten Vormittag Beratung der Patrone und Delegierten der Wagner-Vereine im Rathaussaal.
Mai/Juni: Öffentliche Angriffe gegen Nietzsche und Wagner: Ulrich von Wilamowitz-Moellendorffs Schrift »Zukunftsphilologie« und Dr. Puschmanns »Richard Wagner, eine psychiatrische Studie«, die Wagner Wahnvorstellungen nachsagt.
12. Juni: In einem Brief »An Friedrich Nietzsche« nimmt Wagner zu den Angriffen Wilamowitz-Moellendorffs Stellung.
15. Juni bis 23. Juli: Die Orchesterskizze zum III. Akt »Götterdämmerung«, in Haus »Fantaisie« wieder aufgenommen, wird beendet.
31. Juli: Richard und Cosima Wagner nehmen die Arbeit an Wagners Autobiographie »Mein Leben« (Diktat und Abschriften) erneut auf.
22. August: Das Manuskript des zweiten Bands von »Mein Leben« wird an den Basler Drucker Bonfantini geschickt.
2.–6. September: Richard und Cosima Wagner besuchen Franz Liszt in Weimar.

13. September: Ludwig Feuerbach stirbt völlig verarmt in Rechenberg bei Nürnberg.
14. September: Im Haus »Fantaisie« beendet Wagner die Niederschrift seines Aufsatzes »Über Schauspieler und Sänger« und entwickelt darin Gedanken zum natürlichen dramatischen Vortragsstil.
Ende September: Die Familie Wagner bezieht das Haus Dammallee 7 in Bayreuth.
1. Oktober: »Schreiben an den Bürgermeister von Bologna«, Wagners Dank für die Erwählung zum Ehrenbürger der Stadt.
15.–21. Oktober: Franz Liszt erstmals zu Besuch in Bayreuth. Versöhnlich, aber seine Andeutung, Wagner und Cosima hätten Hans von Bülow auf dem Gewissen, und Cosimas Versuch, den Vater zu verstehen (sie läßt Wagner einen Abend allein), führen zu einer Verstimmung zwischen den Eheleuten.
24. Oktober: Wagner an Nietzsche: Das »Deutschsein« erscheine ihm nur noch als »reines Metaphysicum«, als solches »grenzenlos interessant, und jedenfalls ganz einzig in der Weltgeschichte«, »vielleicht mit dem einzigen Pendant des Judentums zur Seite, wenn etwa der Hellenismus doch nicht recht passen sollte«.
Ende Oktober: Wagner an Nietzsche über das Ausbleiben jeder Hilfe von den Fürsten und der Aristokratie: »Ich wenigstens bin jetzt so weit, nach gar keiner Seite zu mir ein Blatt vor das Maul zu nehmen, und käme mir die Kaiserin Augusta in den Weg, sie sollte bedient werden. Denn das eine steht fest, daß an einen Kompromiß gar nicht zu denken ist.«
31. Oktober: Cosima Wagners Übertritt zum Protestantismus in der Sakristei der Bayreuther Stadtkirche.
9. November: »Brief über das Schauspielerwesen an einen Schauspieler«.
November: Nietzsches Studenten bleiben aus, er ist wegen seiner Schrift in Verruf geraten, unwissenschaftlich zu sein, und berichtet Wagner darüber.
10. November: Richard und Cosima Wagner beginnen eine Reise zur Anwerbung von Künstlern für die ersten Festspiele. Zunächst nach Würzburg, wo sie Mozarts »Don Giovanni« sehen. Am 12. 11. in Frankfurt, Meyerbeers »Prophet«. Weiter nach Darmstadt. Am 15. 11. in Mannheim,

»Fliegender Holländer«. Am 20. 11. nochmals Darmstadt. Am 21. 11. Stuttgart. Vom 22. bis 24. 11. in Straßburg zu einem dreitägigen Zusammensein mit Nietzsche. Am 25. 11. Karlsruhe, eine Aufführung des »Tannhäuser« und Audienz beim Großherzog. Am 27. 11. Wiesbaden. Am 29. 11. Mainz, Beethovens »Fidelio«. Am 30. 11. Köln, Mozarts »Zauberflöte« und Bankett mit einer Rede Wagners und Festmusik. Am 5. 12. nach Düsseldorf. Am 6. 12. in Hannover. Am 7. 12. in Bremen, »Die Meistersinger von Nürnberg«. Am 10. 12. nach Magdeburg. Am 11. 12. in Dessau, Glucks »Orpheus« gesehen. Am 12. 12. in Leipzig.

1. Dezember: Der Bürgerbrief des Bayreuther Magistrats für Richard Wagner wird ausgefertigt.

15. Dezember: Zurück in Bayreuth. Erste Anzeichen von Wagners Herzkrankheit. Lebensmüdigkeit.

nach dem 15. Dezember: Wagners Bilanz der Deutschlandreise: »Ein Einblick in das heutige deutsche Opernwesen«. Scharfe Zensuren für die gesehenen Aufführungen. Lediglich über Glucks »Orpheus« in Dessau heißt es anerkennend: »Ich bezeuge laut, nie eine edlere und vollkommenere Gesamtleistung auf dem Theater erlebt zu haben, als diese Aufführung.« Bis Weihnachten ist der 2. Band des Privatdrucks von »Mein Leben« fertiggestellt, der mit der Schilderung der Absage Jessie Laussots 1850 endet.

– Du Bois-Reymonds Rede »Über die Grenzen des Naturerkennens« erregt Aufsehen. Arnold Böcklin: »Euterpe« und »Selbstbildnis mit Tod«. Der »Kulturkampf« beginnt.

1873

12. Januar: Mit Cosima reist Wagner nach Dresden. Am nächsten Tag »Rienzi«-Aufführung und Begegnung mit Wesendonks.

14. Januar: Bankett auf der Brühlschen Terrasse, mit Pusinelli, Tichatschek und Wesendonks. Ständchen vor dem Hotel.

15. Januar: Ankunft Wagners in Berlin.

17. Januar: Im Haus des Ministers von Schleinitz liest Wagner die »Götterdämmerung« vor. Anwesend sind u.a. Moltke, Helmholtz, der Maler Adolf Menzel und der Bankier Bleichröder. Am nächsten Tag Abreise nach Hamburg.

21. und 23. Januar: Zwei Hamburger Konzerte Wagners.

25. Januar: Nach Schwerin, am nächsten Tag »Fliegender Holländer« mit Karl Hill gesehen, dem künftigen Bayreuther Alberich.

27. Januar: Wieder nach Berlin.

4. Februar: Wagner dirigiert in Anwesenheit des Kaiserpaares.

6.–8. Februar: Von Berlin über Dresden und Chemnitz zurück nach Bayreuth.

4. März: Wiederaufnahme des Diktats von »Mein Leben«.

19. März: Max Reger in Brand/Oberpfalz geboren.

Ende März: Wagner schreibt »Zum Vortrag der neunten Symphonie Beethovens«.

6. April: Nietzsche trifft in Bayreuth ein und macht die Verstimmung über sein weihnachtliches Ausbleiben vergessen.

24. April: Kölner Gürzenich-Konzert unter Wagner, zwei Tage darauf Abreise nach Kassel.

27. April: Nach Besichtigung der Kasseler Gemäldegalerie Reise nach Eisleben und abends Ankunft in Leipzig.

28.–29. April: Zusammenkunft mit Liszt und Rückreise nach Bayreuth.

1. Mai: In »Das Bühnenfestspielhaus zu Bayreuth. Nebst einem Berichte über die Grundsteinlegung desselben (An Freifrau Marie von Schleinitz)« erläutert Wagner neuerlich den Gedanken der »Unsichtbarmachung des Orchesters« und der amphitheatralischen Anordnung der Sitzreihen.

3. Mai: Wagner beginnt mit der Partitur der »Götterdämmerung«.

17. Mai: Hans von Wolzogen führt sich mit einem Schreiben bei Wagner ein.

22. Mai: Festvorstellung zu Wagners 60. Geburtstag im Markgräflichen Opernhaus mit der von Cornelius unter Verwendung Wagnerscher Kompositionen arrangierten »Künstlerweihe«.

28. Mai: Mit Cosima nach Weimar zu der am nächsten Tag stattfindenden Aufführung von Liszts »Christus«-Oratorium.

1. Juni: Zurück in Bayreuth.

24. Juni: Wagner übersendet Bismarck die Schrift »Das Bühnenfestspielhaus zu Bayreuth« mit einem Begleitbrief. Er bleibt ohne Antwort.

2. August: Richtfest des Bayreuther Festspielhauses in Gegenwart von Liszt. Volksfest und Feuerwerk.

30. August: In einer Schrift »An die Patrone der Bühnenfestspiele in Bayreuth« bestätigt Wagner Gerüchte, »daß die beabsichtigten Aufführungen vor dem Sommer des Jahres 1875 nicht stattfinden können«. Die Zahlungen sind ins Stocken geraten und gefährden den nächsten Bauabschnitt.

September: Wagner empfängt Bruckner und nimmt die Widmung seiner 3. Symphonie an. Wagner küßt ihn »ein übers ander Mal«.

30. Oktober bis 2. November: Nietzsche in Bayreuth.

31. Oktober: In Bayreuth versammeln sich die Mitglieder des Patronats und die Delegierten der Wagner-Vereine. Bankett in der »Sonne« mit Cosima, Malvida von Meysenbug und Nietzsche.

20. November: Wagner nach München, wo er am nächsten Tage ergebnislose Verhandlungen mit Düfflipp über eine finanzielle Garantie für den Festspielhausbau durch Ludwig II. führt.

28. November: In Bayreuth empfängt Wagner Karl Brandt und Prof. Josef Hoffmann, der Dekorationsskizzen für den »Ring« vorlegt.

Dezember: Wagner schreibt den »Kinderkatechismus«, eine Gelegenheitskomposition für vier Mädchenstimmen und Klavier, zum Lobe Cosimas.

12. Dezember: Wagner wird – mit Brahms – von Ludwig II. mit dem Maximilian-Orden ausgezeichnet. Er bestellt Standardwerke der indischen Literatur.

24. Dezember: Partitur von »Götterdämmerung« I beendet.

25. Dezember: Familienaufführung des »Kinderkatechismus«.

– Nietzsche: »Unzeitgemäße Betrachtungen. Erstes Stück«. Erste schwere Krankheitsanfälle Nietzsches mit Kopfschmerz und Augenschwäche. Die Bauleidenschaft Ludwigs II. auf dem Höhepunkt. Anselm Feuerbach: »Gastmahl«. Arnold Böcklin: »Zentaurenkampf«. Wilhelm Leibl: »Das ungleiche Paar«.

6. Januar: Das Hofsekretariat lehnt die Übernahme einer finanziellen Garantie für Bayreuth ab. Das Festspielunternehmen steht vor dem Ruin.
16. Januar: Wagner wünscht sich als Krönung für sein Unternehmen den »Auftrag des Deutschen Kaisers an mich, gegen die hierfür zu gewährende Unterstützung von Einhunderttausend Talern, also des Drittels der Gesamtkosten derselben, drei vollständige Aufführungen meines Bühnenfestspieles ›Der Ring des Nibelungen‹ auf dem eigens hierzu erbauten Festtheater zu Bayreuth, zur ersten Lustral-Feier des mit Frankreich abgeschlossenen Friedens, im Sommer des Jahres 1876 zu veranstalten« (Brief an Emil Heckel). Der Großherzog von Baden, darüber informiert, hält eine solche Eingabe für aussichtslos und lehnt daher die ihm angetragene Vermittlerrolle ab.
Januar/Februar: Vorschüsse Schotts. Nietzsches nachgelassene Aphorismen aus dieser Zeit lassen, im Gegensatz zu seinen Briefen, Schriften und Äußerungen Wagner gegenüber, eine innere Abkehr von Wagner erkennen. Er sieht Mißerfolg voraus und begründet ihn in Wagners künstlerischer und menschlicher Natur.
25. Januar: Ludwig II. an Wagner: »Nein! Nein und wieder nein! So soll es nicht enden; es muß da geholfen werden! Es darf Unser Plan nicht scheitern!« Für den Augenblick Rettung durch einen Vorschuß auf königliche Bürgschaften.
3. Februar: Wagner an Ludwig II.: »Oh, mein huldvoller König! Blicken Sie nur auf alle deutschen Fürsten, so erkennen Sie, daß nur Sie es sind, auf welchen der deutsche Geist noch hoffend blickt.«
20. Februar: Zwischen »Verwaltungsrat« und dem Hofsekretariat wird ein Vertrag über den Kredit von 100.000 Talern geschlossen. Die tatsächliche Bürgschaftssumme von 216.152,42 Mark wird von Wagner und den Erben aus dem Etat der Festspiele nach und nach zurückerstattet.
28. April: Die Villa Wahnfried, zu deren Bau Ludwig II. 25.000 Taler beigesteuert hat, wird von Wagner bezogen.
20. Mai: Hans Richter trifft in Bayreuth ein und unternimmt vom 23. Mai bis 6. Juni im Auftrag Wagners eine Inspektionsreise durch mitteldeutsche Theaterstädte.

26. Juni: Wagner beendet die Partitur von »Götterdämmerung« II, tags darauf beginnen in Wahnfried unter Assistenz Richters die Proben mit Sängern. Richter bleibt bis 25. Juli.
29. Juni: Letzte Korrekturen und Ergänzungen am dritten Band von »Mein Leben«, dessen Manuskript an Bonfantini in Basel geschickt wird.
10. Juli: Partitur von »Götterdämmerung« III begonnen.
4.–15. August: Nietzsche in Bayreuth. Er legt Wagner das im Juni gehörte »Triumphlied« von Brahms vor. Wagner reagiert unwillig. Klindworth kommt für mehrere Wochen nach Bayreuth.
23. August: Wagner an Ludwig II.: »Auch dieser ›deutsche Geist‹ ist ein Gedanke, wohl eine Idee, mit welcher bis zum Ekel leichtfertig der seichten und eitlen Masse des Volkes etwas vorgegaukelt wird: wo zeigt sich dieser Geist aber in ernster Wahrhaftigkeit? Wahrlich doch nur in unsren großen Dichtern.«
13. September: Arnold Schönberg in Wien geboren.
1. Oktober: In einem Brief an Ludwig II. schildert Wagner seinen Alltag in Wahnfried. »Ich freue mich dann der Liebe der Bayreuther Bevölkerung zu mir, welche in jeder Weise sich mir kund gibt, da alle wohl erkennen, welche große Bewegung meine Unternehmung ihrer Stadt zugeführt hat.« In der »Nibelungen-Kanzlei« arbeiten derzeit Joseph Rubinstein, der bald nach Wagners Tod Selbstmord begeht, Demetrius Lallas und die später bedeutenden Dirigenten Hermann Zumpe und Anton Seidl.
26. Oktober: Peter Cornelius stirbt in Mainz.
21. November: Partitur »Götterdämmerung« III und damit der gesamte »Ring des Nibelungen« vollendet. Cosima, durch einen von Wagners Ausbrüchen verletzt, feiert diese Nachricht in »Schmerzen«.
1. Dezember: Wagner und Familie nach Coburg, Besichtigung der Veste und der von Brückner angefertigten ersten Dekorationen zum »Ring«.
20. Dezember: Reise nach Leipzig, Besprechung mit Albert Niemann und Besuch einer Aufführung von Spohrs »Jessonda«.
25. Dezember: Aufführung einer neuen, im Dezember instrumentierten Fassung des »Kinderkatechismus« in der Halle von Wahnfried.

28. Dezember: Wagner schreibt »Über eine Opernaufführung in Leipzig«, Brief an den Herausgeber des »Musikalischen Wochenblattes« mit kritischer Würdigung der kürzlichen »Jessonda«-Aufführung und Wertung des deutschen Operngenres.

– Mussorgski: »Boris Godunow«. Conrad Ferdinand Meyer: »Jürg Jenatsch«.

1875

20. Februar: Um dem Bayreuther Unternehmen neue Mittel zuzuführen, vor allem zur Finanzierung der Proben und der technischen Einrichtung, begibt sich Wagner immer wieder auf Konzertreisen. Wagner und Cosima verlassen Bayreuth und treffen am nächsten Tag in Wien bei Dr. Standhartner ein.
1. März: Erstes Wiener Konzert Wagners.
3. März: Bei einem Atelierfest Hans Makarts trifft Wagner Hellmesberger, den Dichter Adolf Wilbrandt und Semper. Die durch ein Mißverständnis beim Abbruch des Münchner Theaterprojekts entstandene Verstimmung zwischen Semper und Wagner wird beigelegt.
6. März: Richard und Cosima Wagner reisen nach Budapest.
7. März: Maurice Ravel in Ciboure geboren.
10. März: Liszt und Wagner geben in Budapest ein gemeinsames Konzert mit eigenen Werken und dem Es-dur-Klavierkonzert Beethovens.
12. März: Nach Wien zurück.
14.–16. März: Zweites Wiener Konzert Wagners, am nächsten Tag Abreise, zurück nach Bayreuth.
4. April: Dankesbrief an den Drucker Bonfantini für den dritten Band des Privatdrucks von »Mein Leben«.
9. April: Wagner reist nach Leipzig und besucht am nächsten Tag mit Cosima eine Aufführung von Schumanns »Genoveva« im Stadttheater.
11. April: Nach Hannover, am selben Abend eine Aufführung von Wagners »Lohengrin«.
13. April: Von Hannover nach Braunschweig.
16. April: Wagner und Cosima begeben sich nach Berlin.

24.–25. April: Zwei Konzerte Wagners in Berlin. Im Atelier Menzels. Bei Helmholtz lernt Wagner Theodor Mommsen kennen.
26. April: Zurück nach Bayreuth.
4. Mai: Wagner und Cosima reisen nach Wien und wohnen bei Dr. Standhartner. Wiedersehen mit Bruckner.
6. Mai: Drittes Wiener Konzert Wagners. Am nächsten Tag Rückreise.
Mai: Der Allgemeine Deutsche Arbeiterverein und die Sozialdemokratische Arbeiterpartei vereinigen sich zur Sozialistischen Arbeiterpartei Deutschlands. »Gothaer Programm«.
3. Juni: George Bizet stirbt in Paris.
6. Juni: Thomas Mann in Lübeck geboren.
1. Juli: Beginn der Bayreuther Vorproben.
17. Juli: Hans Richter, inzwischen 1. Kapellmeister der Wiener Hofoper, trifft zu den Bayreuther Proben ein.
1. August: Beginn der Orchester- und Gesamtproben für die Festspiele 1876 unter Richter. Nietzsches Freunde Overbeck, Rohde und von Gersdorff bei den Proben. Bauarbeiten am Festspielhaus abgeschlossen.
13. August: Einen Tag nach Abschluß der ersten Sommerproben findet in Wahnfried ein Gartenfest für 140 Künstler statt.
30. August: Der Dirigent Hermann Levi, der während der Proben jeden Abend Wagners Gast gewesen ist, an seinen Vater, den Oberrabbiner Dr. Levi in Gießen: »Vom 9ten bis 13ten war ich in Bayreuth, habe die Proben von Siegfried und Götterdämmerung mit angehört. (...) Ich bin alt genug, um mir nichts mehr weiszumachen – und ich sage Dir, daß das, was sich künftiges Jahr in Bayreuth vollziehen wird, eine radikale Umwälzung in unserem Kunstleben hervorbringen wird.«
Oktober: Gesuch um ein Festspiel-Darlehen von 30 000 Talern an den Kaiser. Kaiser und Kanzleramt (Bismarck) befürworten es zwar, empfehlen aber Vorlage im Reichstag. Daraufhin zieht Wagner zu Beginn des nächsten Jahres, als er diese Information erhält, das Gesuch zurück.
30. Oktober: Wagner mit Familie nach München. Am nächsten Tag Besuche bei Lenbach und dem Grafen Schack. Unterredung mit Düfflipp. Abends weiter nach Wien.
1. November: Ankunft in Wien. Am folgenden Tag besu-

chen Wagner und Cosima eine von Hans Richter geleitete Aufführung des »Requiems« von Verdi.
November: Wagner und Cosima sehen in Wien Bizets »Carmen«. Wagner hat Wien Neueinstudierungen zweier Werke zugesagt und betreut die Inszenierungen.
22. November: Wiener Aufführung des neueinstudierten »Tannhäuser« unter Richter, mit den Pariser Ergänzungen und dem neuen, überleitenden Schluß der Ouvertüre; damit dritte, »Wiener« Fassung (nach der »Dresdner« und »Pariser«). Das Publikum bereitet Wagner Ovationen. Wagner bedankt sich mit einer Ansprache. Die Presse nach wie vor feindselig. Unter den Zuhörern der »Tannhäuser«-Aufführung der fünfzehnjährige Hugo Wolf, der sich an einem der nächsten Tage im Hotel Richard Wagner vorstellen läßt. Wolf zeigt Wagner seine ersten Kompositionen.
Dezember: Weitere Wiener Proben. Der spätere Dirigent Felix Mottl und der Bariton und spätere Theaterleiter Angelo Neumann halten die Wiener Probenarbeit Wagners in Aufzeichnungen und Erinnerungen fest und gehören nun zum engeren Wagner-Kreis.
15. Dezember: Aufführung des von Wagner neueinstudierten »Lohengrin« unter Richter.
16.–17. Dezember: Rückreise Wagners nach Bayreuth.
Weihnachten: Wagner sendet den Privatdruck von »Mein Leben« mit einer Widmung an Ludwig II. »zu alleinigem Besitz und gewogener Kenntnisnahme«.
25. Dezember: Nietzsches erster »förmlicher Zusammenbruch«.

– Adolf von Menzel: »Eisenwalzwerk«. Hans Makart: »Atelier«.

1876

10. Januar: Die Arbeit am vierten Teil von »Mein Leben« wird aufgenommen (mit der Rückkehr nach Deutschland August 1861).
8. Februar: Wagner sagt Philadelphia den »Großen Festmarsch zur Feier des 100jährigen Jubiläums der amerikanischen Selbständigkeit« (am 4. Juli) gegen ein Honorar von

5 000 Dollar zu, wozu Schott noch 9 000 Mark für die Verlagsrechte zahlt.
9. Februar: Blumenmädchen-Melodie zu »Parsifal« II niedergeschrieben.
15. und 20. Februar: Komposition sowie Orchesterskizze des »Großen Festmarsches« beendet.
Mitte Februar: Nietzsche stellt wegen Krankheit die Vorlesungen in Basel ein.
1. März: Wagner und Cosima reisen nach Wien, Wagner dirigiert am nächsten Abend den »Lohengrin« zum Besten des Opernpersonals.
3. März: Bei der Abfahrt trägt der Wiener Hofopern-Chor den »Wach' auf!«-Chor im Wartesaal vor.
4. März: Ankunft in Berlin zur Einstudierung des »Tristan«, Begegnung mit Frau von Schleinitz und Gala-Diner bei Intendant von Hülsen.
17. März: Partitur des »Großen Festmarsches« in Berlin fertiggestellt, tags darauf Begegnung mit Adolf Menzel.
20. März: Berliner Erstaufführung von »Tristan und Isolde«, von Wagner einstudiert. Dirigent: Karl Eckert. Tristan: Albert Niemann. In der Pause wird Wagner vom Kaiser empfangen. Auf Befehl Kaiser Wilhelms I. wird die Reineinnahme von etwa 5 000 Talern dem Bayreuther Festspielfonds überwiesen.
23. März: Rückreise nach Bayreuth.
22. Mai: Felix Mottl trifft in Bayreuth ein und nimmt seine Tätigkeit für die ersten Festspiele auf.
3. Juni bis 12. Juli: Beginn der Bayreuther Festspielproben, die Heinrich Porges und Mottl aufzeichnen. Erster Durchgang.
18. Juni: August Röckel stirbt in Budapest.
29. Juni: Der Münchner Hof stundet einstweilen die Rückzahlung der Bayreuth gewährten Kredite.
Anfang Juli: Nietzsches »Unzeitgemäße Betrachtungen. Viertes Stück. Richard Wagner in Bayreuth« erscheinen. Wagner über diese beispiellose Huldigung: »Freund! Ihr Buch ist ungeheuer! – Wo haben Sie nur die Erfahrung von mir her?«
14.–26. Juli: Festspielproben. Zweiter Durchgang.
24. Juli: Nietzsche trifft in Bayreuth ein, stumm und düster. Die nächsten beiden Tage nimmt er an »Götterdämmerung«-

Proben teil, von Kopfschmerz geplagt. Danach »Rheingold« und »Die Walküre«.

29. Juli bis 4. August: Festspielproben. Dritter Durchgang.

1. August: Liszt trifft in Bayreuth ein. Nietzsche an seine Schwester Elisabeth: »Ich sehne mich weg ... Mir graut vor jedem dieser langen Kunst-Abende ...« Nietzsche, unter Kopfschmerzen und Augenempfindlichkeit leidend, hält die langen Akte nicht mehr aus. Noch vor der ersten Generalprobe, um den 2. oder 3. August, flieht er nach Klingenbrunn in den Bayerischen Wald, wo er erneut schlimme Tage erlebt und zum Teil scharfe Sentenzen über Bayreuth aufzeichnet. Elisabeth Förster-Nietzsche fälscht später die Briefe ihres Bruders und unterschlägt alle Hinweise auf seine Krankheit.

6.–10. August: König Ludwig II. entsteigt nachts dem Sonderzug am Bahnwärterhäuschen nahe der Rollwenzelei, besucht die vier Generalproben an den Abenden bis zum 9. August und tritt dann, wiederum nachts, die Rückreise nach Hohenschwangau an.

12.–27. August: Nietzsche hält sich noch einmal in Bayreuth auf. Einen Tag vor Eröffnung der Festspiele trifft Kaiser Wilhelm I. in Bayreuth ein. Der Kaiser am Bahnhof zu Wagner: »Ich habe nicht geglaubt, daß Sie es zustande bringen würden.«

13. August: Beginn der Festspiele. Kaiser Dom Pedro II. von Brasilien trifft in Bayreuth ein und ist nachts, nach der Vorstellung, Gast in Wahnfried. Zwei Jahre später schreibt Wagner im »Rückblick auf die Bühnenfestspiele des Jahres 1876«: »Es erschien sehr wahrhaftig, daß so noch nie ein Künstler geehrt worden sei; denn hatte man erlebt, daß ein solcher zu Kaiser und Fürsten berufen worden war, so konnte niemand sich erinnern, daß je Kaiser und Fürsten zu ihm gekommen seien.« Zu den Gästen und Festspielbesuchern gehören außer den beiden Kaisern – Dom Pedro besucht die erste, Kaiser Wilhelm die beiden ersten Vorstellungen – u. a. der König von Württemberg, Großherzog Carl Alexander von Sachsen-Weimar, Fürsten und Patrone, wie Gräfin Marie von Schleinitz; Anton Bruckner, Peter Tschaikowskij, Ludwig Schemann, Henry Thode, die Wesendonks und Mathilde Maier. Vor Beginn der Vorstellung verfaßt Wagner eine »Letzte Bitte an meine lieben Genossen. *!Deutlichkeit!*

– Die großen Noten kommen von selbst; die kleinen Noten und ihr Text sind die Hauptsache. – Nie dem Publikum etwas sagen, sondern immer dem Anderen; in Selbstgesprächen nach unten oder nach oben blickend, nie gerade'aus. – Letzter Wunsch: Bleibt mir gut, Ihr Lieben!« Erstaufführung »Das Rheingold«. Dirigent: Hans Richter. Bühnenbild: Gebrüder Brückner nach Entwürfen von Joseph Hoffmann. Wotan: Franz Betz. Alberich: Karl Hill. Woglinde: Lilli Lehmann. Festspielorchester: Konzertmeister August Wilhelmj. Musiker aus Ballenstedt, Berlin, Braunschweig, Breslau, Budapest, Coburg, Darmstadt, Dessau, Hannover, Heidelberg, Kiel, Meiningen, Montbéliard, München, Neustrelitz, Salzburg, Weimar, Wien, Wiesbaden. Musikalische Assistenz, Solorepetition und Mitwirkung hinter der Bühne: Franz Fischer, Demetrius Lallas, Felix Mottl, Joseph Rubinstein, Anton Seidl, Hermann Zimmer und Hermann Zumpe.
14. August: Erstaufführung »Die Walküre«. Dirigent: Hans Richter. Brünnhilde: Amalie Materna. Siegmund: Albert Niemann. Wotan: Franz Betz. Schwertleite: Johanna Jachmann-Wagner. Helmwige: Lilli Lehmann.
16. August: Uraufführung »Siegfried«. Dirigent: Hans Richter. Siegfried: Georg Unger. Mime: Carl Schlosser. Wanderer: Franz Betz. Erda: Louise Jaide. Waldvogel: Lilli Lehmann.
17. August: Uraufführung »Götterdämmerung«. Dirigent: Hans Richter. Gunther: Eugen Gura. Hagen: Gustav Siehr. 1. Norn: Johanna Jachmann-Wagner. Woglinde: Lilli Lehmann.
18. August: Bankett für die Künstler im Festspiel-Restaurant. Wagner deutet während seiner Rede plötzlich auf Liszt: »Hier ist derjenige (...), ohne den Sie heute vielleicht keine Note von mir gehört haben würden«, und umarmt Liszt.
August: Marx berichtet Engels über seine Reise nach Karlsbad und den erlebten Massenandrang zum »Bayreuther Narrenfest des Stadtmusikanten Wagner«.
20.–23. August: Zweiter »Ring«-Zyklus. Judith Gautier in Bayreuth.
21. August: Wagner teilt Ludwig II. mit, daß er auf des Königs Drängen und nur für ihn allein die letzten Worte Brünnhildes aus der ursprünglichen Textfassung auskompo-

niert habe, von »Verging wie Hauch der Götter Geschlecht« bis »selig in Lust und Leid läßt – die Liebe nur sein«.

27.–30. August: Dritter »Ring«-Zyklus in Anwesenheit Ludwigs II. Schlußansprache Wagners nach der »Götterdämmerung« an Künstler und Publikum.

2. September: Liszt reist nach Weimar.

bis 5. September: Liebesromanze Wagners mit der über dreißig Jahre jüngeren, inzwischen von ihrem Mann, Catulle Mendès, geschiedenen Judith Gautier. Briefe werden gewechselt, die nach Judiths Abreise der Bayreuther Bader besorgt.

9. September: »Abschied von Mathilde Maier, der letzten Freundin«, notiert Cosima. Wagner trotz des Triumphes unzufrieden mit der technischen (Brandt) und künstlerischen Ausführung, »Richter nicht eines Tempos sicher«, »Richard sehr traurig, er sagt, er möchte sterben« (TC). Zudem enden die Festspiele mit einem katastrophalen Defizit, das allmählich auf 148 000 Mark anwächst.

11. September: Wagner schreibt, »ich und mein Werk haben keinen Boden in dieser Zeit« (an Pusinelli).

September: Marx an seine Tochter Jenny: »Allüberall wird man jetzt mit der Frage gequält: ›Was denken Sie von Wagner?‹«

14.–15. September: Wagner und Cosima reisen über München nach Verona.

19. September: Weiter nach Venedig, wo Wagner die erste Festspiel-Abrechnung erhält.

26.–29. September: Über Bologna nach Neapel.

27. September: Nietzsche, der sich der Augen wegen im dunklen Zimmer einer Atropin-Kur unterzieht, schreibt an Wagner über den »Streifen schwärzester Melancholie«, der hinter dem großen Ereignisse dieses Sommers liege. Er habe in den letzten Jahren »Schmerzen über Schmerzen eingeschluckt«.

5. Oktober: Wagner und Cosima über einen Monat in Sorrent, Hotel »Vittoria«.

15. Oktober: »Wir möchten aber wohl wissen, was an Wagners Textbuch ›Der Ring des Nibelungen‹ national ist?« fragt Ludwig Speidel im Wiener »Fremdenblatt«, »das deutsche Volk hat mit dieser Affenschande nichts gemein, und sollte es an dem falschen Golde des ›Nibelungen-Ringes‹ einmal wahrhaftes Wohlgefallen finden, so wäre es durch diese bloße Tatsache ausgestrichen aus der Reihe der Kulturvölker des Abendlandes«. Die Kritik der Presse gebraucht über den »Ring« des Jahres 1876 zum Teil Formulierungen wie »Machwerk«, »Tollheit« und »viehisch«.

21. Oktober: Wagner entwickelt Ludwig II. brieflich den Vorschlag, das Deutsche Reich solle das Festspielhaus als Eigentum der Nation übernehmen mit der Auflage an die Stadt, jährlich Festspiele stattfinden zu lassen; errechneter Zuschuß des Reiches 100 000 Mark, wobei 5–600 Plätze »gratis an Unbemittelte« zu vergeben seien. »Schöner, würdiger und Allem näherliegender wäre es, wenn – Bayern und sein König« den Vorschlag allein ausführten.

28. Oktober: Nietzsche, Dr. Rée und Brenner halten sich bei Malvida von Meysenbug in Sorrent auf und treffen einige Male mit Wagners zusammen. Letzte Gespräche zwischen Nietzsche und Wagner.

7. November: Wagner und Cosima reisen nach Neapel und am nächsten Tag für vier Wochen nach Rom. Dort Soiree des deutschen Botschafters und Künstler-Empfänge.

3. Dezember: In Florenz.

4.–5. Dezember: Nach Bologna zu einer Aufführung des »Rienzi«. Bankett mit Bologneser Anhängern und zurück nach Florenz. Dort Wiedersehen mit Jessie Laussot.

11. Dezember: Plan, alles zu veräußern und Bayreuth dem königlichen Hoftheater zu überlassen.

18. Dezember: Rückreise nach München.

20. Dezember: Wagner und Cosima zurück in Bayreuth.

– Tolstoi: »Anna Karenina«. Brahms: 1. Symphonie. Tschaikowskij: »Schwanensee«. Schliemanns Ausgrabungen in Mykene. Angelo Neumann Operndirektor in Leipzig. Gründung der Reichsbank. Felix Dahn: »Ein Kampf um Rom«.

1877

1. Januar: Wagner fordert in einem Rundschreiben »zur Bildung eines Patronatvereines zur Pflege und Erhaltung der Bühnenfestspiele in Bayreuth« auf und will es diesem überlassen, sich mit einem Gesuch um Unterstützung an den

Reichstag zu wenden. Erwähnung einer zu gründenden »Hochschule für dramatisch-musikalische Darstellung«.
21. Januar: Düfflipp, ohne neue Vorschläge zur Deckung des Defizits, zu Verhandlungen in Bayreuth.
25. Januar bis 23. Februar: Wagner schreibt den zweiten Prosaentwurf zu »Parzival« nieder.
10. März: New Yorker Erstaufführung des »Fliegenden Holländers«.
13./14. März: Wagner ändert die Schreibweise »Parzival« in »Parsifal«, nach Görres, angeblich aus dem Persischen (Fal parsi: der törichte Reine, bei Wagner der »reine Tor«).
14. März: Beginn der Urschrift des »Parsifal«-Textbuches.
bis 29. März: »Parsifal« I entsteht.
bis 13. April: »Parsifal« II entsteht.
bis 19. April: »Parsifal« III entsteht, am nächsten Tag liest Wagner die gesamte Dichtung Cosima vor.
vor dem 30. April: Richard und Cosima Wagner sehen einige der berühmten Aufführungen des Meininger Hoftheaters: Grillparzer, Molière, Shakespeare.
30. April: Wagner und Cosima treten, über Würzburg, Mainz, Köln und Brüssel, eine Reise nach London an.
7.–29. Mai: Acht Konzerte in der Londoner Albert-Hall, die Wagner, außer dem Konzert am 19. Mai, das Richter allein leitet, gemeinsam mit Richter dirigiert, u.a. Ausschnitte aus dem »Fliegenden Holländer« und der »Walküre«. Begegnung mit Browning.
17. Mai: Wagner wird in Schloß Windsor von der Königin Victoria empfangen und liest abends vor einem kleinen Kreis von Freunden »Parsifal« vollständig vor.
4. Juni: Abreise von London, mit einem Ertrag von 700 Pfund, einem Zehntel des Bayreuther Defizits. Am nächsten Tag Ankunft in Bad Ems, »Villa Diana«, zu einer längeren Kur mit den Kindern. Sohn Siegfried überreicht Kaiser Wilhelm I. auf der Promenade Blumen. Mathilde Maier besucht Wagner in Bad Ems.
1. Juli: Nietzsche an Malvida von Meysenbug: »Meine besten Wünsche und Grüße für die unermüdlichen Bayreuther (ich bewundere alle Tage dreimal ihre Tapferkeit).«
4. Juli: Mathilde Wesendonk und Tochter zu Besuch in »Villa Diana«. Am nächsten Tag reisen Wagners nach Heidelberg ab.

8. Juli: In kleinem Kreis liest Wagner den »Parsifal« vor.
13. Juli: Weiterreise nach Mannheim.
18. Juli: Von Heidelberg nach Luzern, am Tag darauf Besuch im Haus Tribschen.
20. Juli: Über Zürich nach München. Wiederum Verhandlungen mit Düfflipp, der auch eine Verständigung Wagners mit Intendant Perfall herbeiführt.
22. Juli: Vormittags in Nürnberg, am nächsten Tag nach Weimar zu einem Besuch Franz Liszts.
zwischen 23. und 28. Juli: In Weimar, von da aus Abstecher nach Eisenach und erneute Besichtigung der Wartburg. Anschließend zurück nach Bayreuth.
Juli: Wagner äußert in Briefen seine Absicht, nach Amerika zu gehen und an eine Rückkehr nach Deutschland nicht mehr zu denken.
2. August: Cosima hört die ersten Melodien zu »Parsifal« aus dem Arbeitszimmer (TC).
10. August: Wagner spielt Cosima die Melodie des Abendmahlspruches vor.
15. September: Ansprache an die Abgesandten des Bayreuther Patronats, die sich in Bayreuth versammelt haben: »Wir sind in einem schrecklichen Zustande. An eine Hülfe von Seiten des Reichstages ist nicht zu denken. Im Reichstag ist nicht *ein* Mensch, der weiß, worum es sich für uns handelt. Bismarck würde wohl sagen, wenn wir eine Unterstützung begehrten: Wagner hat genug gehabt; viele Fürsten, der Kaiser selbst war da, um seine Aufführungen zu besuchen; wohin will der Mann?« Wagner begründet den Plan seiner Hochschule damit, »Sänger, Musiker und Dirigenten zur richtigen Ausführung ähnlicher Werke wahrhaft deutschen Stiles verständnisvoll zu befähigen«, und kündigt die Aufführung aller seiner Werke, beginnend mit dem »Fliegenden Holländer«, in Bayreuth für die Jahre 1880 bis 1883 an. Am Tag nach der Versammlung der Delegierten Lesung des »Parsifal«.
zwischen 17. und 24. September: Wagner beginnt mit der Komposition des »Parsifal«.
25. September: Orchesterskizze »Parsifal« I begonnen.
7. Oktober: Hans von Wolzogen zieht nach Bayreuth, um die Redaktion der »Bayreuther Blätter« zu übernehmen.
10. Oktober: Nietzsche in einem Brief an Cosima: »Die

herrliche Verheißung des Parcival mag uns in allen Dingen trösten, wo wir Trost bedürfen« (Brief erstmals 1964 veröffentlicht).

November: Der Briefwechsel mit Judith Gautier, voller Erinnerungen an die Küsse und Umarmungen während der Festspiele 1876, dauert an. Wagner bestellt bei ihr in Paris Stoffe, Bade-Essenzen und Parfums.

23. November: Fortschritte der »Parsifal«-Komposition. »R. beendigt die Erzählung von Gurnemanz« (TC).

zweite Hälfte Dezember: Druck der »Parsifal«-Dichtung.

22. Dezember: Thomas Alva Edison führt im New Yorker Zeitungsgebäude des »Scientific American« den von ihm erfundenen Phonographen zum erstenmal öffentlich vor. Geburtsstunde der mechanischen Reproduktionstechnik.

29. Dezember: »Ich hoffe nicht mehr auf den ›deutschen Geist‹, auf den ich noch bei der Widmung meines Nibelungenwerkes Vertrauen ankündigen zu dürfen glaubte: ich habe meine Erfahrung und – schweige. Ich hoffe weder auf Pommern noch die Mark Brandenburg, noch auf sonst eine Provinz dieses merkwürdigen deutschen Reiches: ich hoffe selbst nicht mehr auf die Markgrafschaft Bayreuth. Aber – ich schließe meinen Frieden mit der Welt, dessen erste Clausel heißt: sie lasse mich in Ruhe!« (an Ludwig II.).

– Brahms: 2. Symphonie. Ibsen: »Stützen der Gesellschaft«. Saint-Saëns: »Samson et Dalila«.

1878

3. Januar: Wagners »Parsifal« trifft bei Nietzsche ein. Am nächsten Tag schreibt Nietzsche an Reinhart von Seydlitz: »Gestern kam, von Wagner gesandt, der Parsifal in mein Haus. Eindruck des ersten Lesens: mehr Liszt als Wagner, Geist der Gegenreformation; mir, der ich zu sehr an das Griechische, menschlich Allgemeine gewöhnt bin, ist alles zu christlich, zeitlich beschränkt; (...) Die Sprache klingt wie eine Übersetzung aus einer fremden Zunge. Aber die Situationen und ihre Aufeinanderfolge – ist das nicht von der höchsten Poesie? Ist es nicht eine letzte Herausforderung der Musik?«

18. Januar: »R. arbeitet und sagt mir dann, so etwas ›Tolles‹ wie dieses habe er noch nicht komponiert, es würde immer größer!« (TC).
29. Januar: Die Kompositionsskizze »Parsifal« I ist beendet.
31. Januar: Orchesterskizze »Parsifal« I abgeschlossen.
Februar: Die »Bayreuther Blätter« erscheinen und nehmen, ursprünglich als Publikationsorgan der (inzwischen gescheiterten und aufgegebenen) Hochschule gedacht, den Charakter einer Wagnerschen Hauszeitschrift an.
10. Februar: Wagner an Ludwig II.: »So schnell haben sich es allerdings wohl nur Wenige gedacht, daß die Öde des preußischen Staatsgedankens uns als deutsche Reichsweisheit aufgedrängt werden solle!«
10. Februar: Ende der Affäre mit Judith Gautier, die Wagner in schöpferische Stimmung für »Parsifal« versetzt hat. Von nun an übernimmt Cosima die Korrespondenz mit Paris.
noch im Februar: Wagner beginnt die Komposition des II. Akts »Parsifal«.
12. März: Wagner beendet das Manuskript des Aufsatzes »Modern«. Er erblickt jetzt die negativen Anfänge des Zivilisatorisch-Modernistischen im Jungen Deutschland und sieht im Triumph falscher Zeitgemäßheit »Siege der modernen Judenwelt«.
13. März bis 11. Oktober: Wagner arbeitet an der Orchesterskizze zu »Parsifal« II. Während dieser Zeit beschäftigt er sich viel mit Mozart und Haydn.
31. März: Nach brieflicher Intervention Cosima Wagners kommt ein Tantiemen-Vertrag mit München zur Abdeckung des Bayreuther Defizits zustande. Bayreuth erhält ein verzinstes Darlehen, das Hoftheater das Recht, »Parsifal« aufzuführen. Wagner stehen Tantiemen aus allen Münchner Aufführungen seiner Werke zu.
Anfang Mai: Nietzsche sendet Wagner »Menschliches, Allzumenschliches« mit den anonymen kritischen Anspielungen auf »Künstler« (gemeint ist Wagner) und die Frauen solcher »Künstler« (gemeint ist Cosima). Der psychologische Hintergrund von Nietzsches späterer Dionysos-Tragödie zeichnet sich ab: Identifizierung Ariadne-Cosima (»Prinzeß Ariadne, meine Geliebte«, 1889). Trotz Nietzsches »Abfall« von Wagner bleibt daher Cosima »die sympathischste Frau, der ich im

Leben begegnet bin« (14. Januar 1880 an Malvida von Meysenbug).

zwischen 11. Mai und 2. Juni: Nach dem ersten Attentatsversuch auf Kaiser Wilhelm I. legt Bismarck dem Reichstag das Sozialistengesetz vor mit dem »wider die gemeingefährlichen Bestrebungen der Sozialdemokratie« gerichteten Ausnahmebestimmungen zur Unterdrückung der Presse- und Vereinigungs-Freiheit. Die Mehrheit des Reichstages verhält sich zunächst ablehnend. (Die Nationalliberalen geben erst nach dem zweiten Attentat ihren Widerstand auf.) Der Bayreuther nationalliberale Abgeordnete Feustel erzählt Wagner, er habe die Regierungsvorlage nur schweren Herzens abgelehnt. Wagner darauf: Die Führer der sozialistischen Bewegungen mögen konfuse und vielleicht intrigante Menschen sein, aber der Bewegung (d.h. dem Sozialismus) gehöre die Zukunft. In diesem Zusammenhang Wagners Äußerung (ebenfalls TC) beim Wiederlesen seiner Briefe an Theodor Uhlig: Wie damals erwarte er das Eintreten des Sozialismus, nur nicht mehr für eine bestimmte, nahe bevorstehende Zeit.

31. Mai: Nietzsche berichtet Peter Gast, sein Buch sei von Bayreuth aus »in eine Art von Bann getan: und zwar scheint die große Exkommunikation über seinen Autor zugleich verhängt. (...) Wagner hat eine große Gelegenheit, Größe des Charakters zu zeigen, *unbenutzt* gelassen.«

10. Juni: Münchner Erstaufführung des »Siegfried«.

11. Juni: Nietzsche an Reinhart von Seydlitz: »*Mir* ist es sehr lieb und erwünscht, daß einer meiner Freunde Wagnern Gutes und Freundliches erweist; denn ich bin immer weniger imstande, ihm (so wie er nun einmal ist – ein *alter* unveränderlicher Mann) Freude zu machen. Seine und meine Bestrebungen laufen ganz auseinander.«

13. Juni bis 13. Juli: Berliner Kongreß der europäischen Staatsmänner. Russisch-türkischer Friedensschluß.

Juni: In den »Bayreuther Blättern« erscheint ein Offener Brief von Konstantin Frantz mit scharfer Kritik an Bismarck.

5. Juli: Wagner spricht wieder davon, »Luthers Hochzeit« auszuführen.

7. Juli: Wagner verweist Ludwig II. auf ein Buch von Konstantin Frantz über Föderalismus.

15. Juli: »Und so ekelt mich dieses neue Deutschland an! Das soll ein Kaiserreich sein? Ein ›Berlin‹ als Reichshauptstadt! Es ist ein reiner Spott von oben herab, der nun von unten herauf erwidert wird« (an Ludwig II.).

August: Im August-Heft der »Bayreuther Blätter« erscheint Wagners soeben fertiggestellter Artikel »Publicum und Popularität«: Die »heutigen öffentlichen Kunstzustände« ins Auge fassend, erklärt Wagner, es könne nichts wirklich gut sein, »wenn es von vornherein für eine Darbietung an das Publicum berechnet« sei, das Gute aber trete nur »unter der Gestalt des Mittelmäßigen« in die Öffentlichkeit. Ferner Seitenhiebe auf »Professoren«, Wagners Revanche auf »Menschliches, Allzumenschliches« von Nietzsche.

20.–31. August: Liszt in Bayreuth.

27. August bis 14. Oktober: Malvida von Meysenbug längere Zeit in Bayreuth, Dammallee 8.

23. September: Die Ausführung seiner Werke, besonders des »Parsifals« bedenkend, fällt Wagners Äußerung vom »unsichtbaren Theater«.

30. September: Komposition des II. Akts »Parsifal« beendet.

30. Oktober: Komposition des III. Akts »Parsifal« begonnen. In der Folgezeit häufige Beschäftigung mit Beethoven, Weber, Mozart und erstmals intensiv mit Bach.

9. November: Wiener Erstaufführung des »Siegfried«. Daraufhin drei Tage später Ludwig Speidel im Wiener »Fremdenblatt«: »Die Siegfriedmusik ist im ganzen genommen ein ewig wiederkäuendes *Ungeheuer*, mit einem widerwärtigen Aufstoßen der Leitmotive behaftet.«

14. November: Orchesterskizze »Parsifal« III begonnen.

17. November: Die erste Münchner Gesamtaufführung des »Rings« beginnt mit »Rheingold«.

November: Wagner schreibt »Ein Rückblick auf die Bühnenfestspiele des Jahres 1876«.

25. Dezember: Morgens 7 Uhr spielt das von Wagner engagierte Meininger Hoforchester im Saal von Wahnfried das »Parsifal«-Vorspiel mit Konzertschluß, dessen Partitur vermutlich schon im Oktober, spätestens Anfang Dezember entstanden ist. Abends Konzert mit dem »Siegfried-Idyll« und Beethoven-Sätzen.

29. Dezember: Nietzsche: »Vor Schmerz und Erschöpfung halbtodt« (an Frau Baumgartner).

– Bruckner: 5. Symphonie. Paul de Legarde: »Deutsche Schriften«. Theodor Fontane: »Vor dem Sturm«. Hans Makart: »Einzug Karls V. in Antwerpen«.

1879

3. Januar: Die Leipziger Gesamtaufführung des »Rings« beginnt mit »Rheingold«, nachdem Angelo Neumann bereits im April des Vorjahrs eine Aufführung von »Rheingold« und »Walküre«, im September von »Siegfried« und »Götterdämmerung« ermöglicht hat.
April: Ludwig II. läßt sich den Münchner »Ring« in einer Privataufführung vorspielen.
16. April: Wagner beendet die Kompositionsskizze zum III. Akt »Parsifal«.
26. April: Orchesterskizze »Parsifal« III beendet.
13. Mai: Wagner beendet die Niederschrift des Aufsatzes »Wollen wir hoffen?«
26. Mai: Die erste Wiener Gesamtaufführung des »Rings« beginnt mit »Rheingold«.
Frühsommer: Ausflug Wagners mit der Familie in die Fränkische Schweiz: Pegnitz, Pottenstein, Gößweinstein, Muggendorf, am andern Tag über Streitberg nach Bayreuth zurück.
28. Juni: Wagner beendet die Niederschrift von »Über das Dichten und Komponieren«.
15. Juli: Wagner erklärt den Mitgliedern des Patronatvereins, daß die Aufführung des »Parsifal« 1880 noch nicht stattfinden könne.
29. Juli: »Über das Operndichten und Komponieren im besonderen«, erste Niederschrift beendet.
7. August: Wagner trifft Vorbereitungen für die Partiturarbeit am »Parsifal«, geht aber, bei sich verschlechterndem Gesundheitszustand, nur zögernd an die Ausführung.
21.–31. August: Liszt in Bayreuth.
23. August: Wagner beginnt mit den Partiturarbeiten am »Parsifal«. »Über die Anwendung der Musik auf das Drama« entsteht.
28. August: Zu Goethes 130. Geburtstag spielt Liszt in Wahnfried seine »Faust-Symphonie«.
29. September: Nach einem voraufgegangenen Besuch Ernst

von Webers beendet Wagner ein für das Oktober-Heft der »Bayreuther Blätter« bestimmtes »Offenes Schreiben an Herrn Ernst von Weber, Verfasser der Schrift ›Die Folterkammer der Wissenschaft‹«, gegen die Vivisektion: Wagners Theorien über die Einheit von Tier und Mensch verbinden Darwin und Jesus.

11. Oktober: Wagner an Ludwig II. über Cosimas Tätigkeit: »Dabei führt sie für unseren Sohn ein ungemein genaues Tagebuch, worin jeder Tag im Betreff meines Befindens, meiner Arbeiten, meiner gelegentlichen Aussprüche usw. aufgezeichnet ist.« Durch eine testamentarische Bestimmung der Tochter Eva (Frau Houston Stewart Chamberlains) bleiben die Tagebücher Cosimas in ihrem vollen Umfang bis 1972 gesperrt.

20. Oktober: Der philosophierende und dichtende Dühring-Schüler Heinrich von Stein, 1857 in Coburg geboren, nimmt seine Tätigkeit als Hauslehrer Siegfried Wagners in Wahnfried auf.

Weihnachten: In der Schrift »Zur Einführung in das Jahr 1880« heißt es: »Wenn uns heute ein neuer amerikanischer Krösus, oder ein mesopotamischer Krassus Millionen vermachte, sicher würden diese unter Kuratel des Reiches gestellt, und auf meinem Grabe würde bald Ballett getanzt werden.«

31. Dezember: Abreise Wagners mit Familie nach Italien. In München Silvesterfeier mit Lenbach, Hermann Levi und dem Hofsekretär Ludwig von Bürkel im Hotel »Marienbad«. Im Gespräch mit Bürkel regt Cosima ein Protektorat Ludwigs II. über Bayreuth an.

– Nietzsches Zustand verschlechtert, 118 Tage des Jahres mit schweren Anfällen von Kopf-, Augenschmerz und Erbrechen. – Tschaikowskij: »Eugen Onegin«. Dostojewskij: »Die Brüder Karamasow«. Bismarcks Zweibund mit Österreich-Ungarn. Edison erfindet die Glühlampe.

4. Januar: In Neapel eingetroffen, bezieht Wagner die Villa Angri am Posilippo.
18. Januar: Der russische Maler Paul von Joukovsky, Freund von Henry James, erstmals bei Wagner zu Gast.
25. Januar: Wagner berichtet Ludwig II. vom täglichen Diktat seiner Autobiographie, das er »bis zu dem Zeitpunkte, wo endlich unsere volle Vereinigung dem Schicksale abgewonnen wird« (Mai 1864), fortzusetzen gedenke.
4. März: »Meine Hoffnungslosigkeit für Deutschland und seine Zustände ist durchaus vollständig« (an Feustel).
9. März: Engelbert Humperdinck, späterer »Parsifal«-Kopist, bei Wagner in Neapel.
20. März: Beginn des Diktats der letzten Abschnitte von »Mein Leben«, kurze Zeit später abgeschlossen.
31. März: Wagner an Ludwig II.: »Denn meine Ermüdung ist grenzenlos (...). Diese nutzlosen Bemühungen um den Gewinn der Mittel zu einer dauernden Stiftung, welche nun einmal der elende Zustand der deutschen ›Nation‹ nicht zu gewähren vermag, machen mich endlich rasend, und ich bin entschlossen, nur um von allem diesen nichts mehr zu hören, der Sache ein gründliches Ende zu machen ... Die Nachrichten über die Aufführungen meiner Werke machen mir nur Kummer; ich wünschte die Erlaubnis dazu überall zurückziehen zu können, und habe deshalb schon ernstlich an eine vollständige Übersiedlung nach Amerika gedacht, weil ich dort die Mittel erhalten würde, alle zugestandenen Aufführungsrechte zurückzukaufen. Aus vielen anderen Rücksichten, namentlich auch durch meine vollständige Verzweiflung an Deutschland dazu bestimmt, muß ich auch jenes Projekt noch nicht als aufgegeben betrachten.«
Frühjahr: In Neapel mit Heinrich von Stein und Joukovsky; dieser wird als Bühnenbildner für »Parsifal« gewonnen. Humperdincks Verpflichtung nach Bayreuth. Häufiges Zusammensein mit Malvida von Meysenbug. Wagner besucht eine Aufführung des »Miserere« von Leonardo Leo im Conservatorio di Musica und trifft ein andermal als Gast der Zöglinge mit dem Musikwissenschaftler Francesco Florimo zusammen.
22. Mai: Wagner leitet abends eine Haus-Aufführung der

Gralsszene aus »Parsifal« I mit seinen Töchtern, Humperdinck und Martin Plüddemann als Mitwirkenden.
26. Mai: Über Amalfi reist Wagner nach Ravello. Nach Besichtigung des Parks vom Palazzo Rufolo schreibt er ins Gästebuch: »Klingsor's Zaubergarten ist gefunden!«
23.–25. Juni: Wagner liest an drei Abenden die Oresteia des Aischylos vor.
19. Juli: Wagner beendet die Schrift »Religion und Kunst«. Neu ist der Gedanke, man könne den Sozialismus als sehr beachtenswert ansehen, wenn er mit Vegetarianern, Tierschützern und Mäßigkeitspflegern »in eine wahrhaftige und innige Verbindung träte«.
7. August: Nach einem Anfall von Gesichtsrose (oder Allergie) Abreise von Neapel. Nach Rom, von da aus am nächsten Tag weiter über San Marcello, Pistoja und Florenz.
13. August: Nietzsche an Peter Gast: »Ich für mein Teil leide abscheulich, wenn ich der Sympathie entbehre; und durch nichts kann es mir z. B. ausgeglichen werden, daß ich in den letzten Jahren der Sympathie Wagners verlustig gegangen bin. Wie oft träume ich von ihm, und immer im Stile unsers damaligen Zusammenseins! (...) Das ist nun vorbei – und was nützt es, in manchen Stücken *gegen* ihn *recht* zu haben!«
21. August: Wagner in Siena. Er bezieht die Villa Torre Fiorentina und schläft in einem ehemals päpstlichen Bett. Erlebnis der Kathedrale von Siena; sie wird Vorbild zum »Gralstempel«.
25. August: Der erstmals bei Th. Burger in Bayreuth gedruckte, nunmehr vierte Band des Privatdrucks von »Mein Leben« wird König Ludwig II. übersandt.
16.–25. September: Franz Liszt bei Wagner zu Gast.
28. September: Wagner teilt dem König seinen Wunsch mit, »Parsifal« nun doch Bayreuth allein vorzubehalten.
4. Oktober: Ankunft in Venedig, »Hotel Danieli«. Zwei Tage später Einzug im Palazzo Contarini dalle figure am Canal Grande.
15. Oktober: Ludwig II. verfügt, daß Orchester und Chor der Münchner Hofbühne Bayreuth für die Festspiele zur Verfügung stehen.
24. Oktober: Ludwig II. erklärt sein Einverständnis, daß »Parsifal« »nur in Bayreuth gegeben werden soll« (an Wagner).

30. Oktober: Abreise Wagners von Venedig, am nächsten Tag in München.
zwischen 31. Oktober und 4. November: Lenbach, Wilhelm Busch und Richard Wagner sind Gäste Hermann Levis.
4. November: Wagner sieht den »Fliegenden Holländer« im Hoftheater.
6. November: Bei Lenbach findet ein Atelierfest statt, zu dem auch Wagner eingeladen ist.
10. November: Für Ludwig II. findet eine separate Spätvorstellung im Hoftheater statt. Wagner in der Loge des Königs. Nur wenige Zeugen (wie Cosima) sind in anderen Logen verborgen.
12. November: Wagner dirigiert im Hoftheater vormittags nur für Ludwig II. das »Parsifal«-Vorspiel. Als der König zum Vergleich die »Lohengrin«-Ouvertüre fordert, läßt Wagner Hermann Levi weiterdirigieren. Letzte Begegnung mit Ludwig II.
17. November: Rückkehr nach Bayreuth, nach dem für Wagner erfreulichsten Münchner Aufenthalt – ausgenommen die Entfremdung mit dem König. Nach einigen Tagen (23.11.?) nimmt Wagner die Arbeit an der »Parsifal«-Partitur wieder auf.
1. Dezember: Ankündigung der nächsten Festspiele für das Jahr 1882 (mit dem noch nicht beendeten »Parsifal«) in: »Zur Mitteilung an die geehrten Patrone der Bühnenfestspiele in Bayreuth«.
23. Dezember: Kontinuierliche Arbeit an der Partitur von »Parsifal« I begonnen.

– Wagner lehnt ab, eine von Dr. Bernhard Förster, dem späteren Mann von Nietzsches Schwester Elisabeth, initiierte, rabiat antisemitische »Massenpetition gegen das Überhandnehmen des Judentums« zu unterschreiben. Wagner verfaßt »Was nützt diese Erkenntnis?« Ein Nachtrag zu »Religion und Kunst«. Hans von Bülow nimmt seine Tätigkeit als Dirigent in Meiningen auf. – Bruckner: 4. Symphonie. Theodor Fontane: »Grete Minde«. Max Liebermann: »Konservenmacherinnen«. Franz von Lenbach: Porträts.

8. Januar: Engelbert Humperdinck kommt nach Bayreuth, um (bis April 1882) eine Kopie des »Parsifal« herzustellen.
Februar: Wagner schreibt den Aufsatz »Erkenne dich selbst«. Ausführungen zu »Religion und Kunst« 1. Teil. Erörterung der kürzlich verkündeten »Gleichberechtigung aller deutschen Staatsbürger ohne Ansehung des Unterschiedes der Konfession«. Wieder zur Judenfrage: Der Deutsche solle sich erst selbst erkennen.
7. Februar: Ludwig II. übernimmt, als der von Wagnerianern (Wolzogen) voreilig in Umlauf gesetzte Plan einer Schirmherrschaft deutscher Fürsten auftaucht, allein das Protektorat über Bayreuth und verzichtet offiziell auf das 1878 erworbene Recht, »Parsifal« in München aufzuführen.
9. Februar: Dostojewskij stirbt in Petersburg.
Mitte Februar: Durch ein Buch des Sprachwissenschaftlers A.F. Pott wird Wagner auf Gobineaus »Essai sur l'inégalité des races humaines« aufmerksam und nimmt wenig später von dem französischen Original Kenntnis.
23. Februar: Angelo Neumann, selbst Jude, befürchtet wegen der neuerlichen antisemitischen Agitation (Förster-Petition) die Gefährdung seiner Berliner Wagner-Pläne. Auf seine Anfrage in Bayreuth antwortet Wagner: »Der gegenwärtigen ›antisemitischen‹ Bewegung stehe ich vollständig fern: ein nächstens in den ›Bayreuther Blättern‹ erscheinender Aufsatz von mir wird dies in einer Weise bekunden, daß *Geistvollen* es sogar unmöglich werden dürfte, mich mit jener Bewegung in Beziehung zu bringen.«
Februar/März: »Erkenne dich selbst« erscheint in den »Bayreuther Blättern«.
25. März: Béla Bartók in Nagy Szent Miklós geboren.
28. März: Modest Mussorgski stirbt in Petersburg.
14. April: Hermann Levi erörtert mit Wagner in Bayreuth die Probenpläne für 1882. Er schreibt an seinen Vater: »Ich habe drei herrliche Tage hier verbracht. Der Meister war sehr guter Laune, wir haben vielerlei besprochen für nächstes Jahr – Alles geht zum Besten!! (...) Daß ich das Werk leite, ist nun kein Geheimnis mehr.«
25. April: Wagner beendet die Partiturarbeiten am I. Akt des »Parsifal«.

29. April: Cosima und Richard Wagner begeben sich nach Berlin.
5.–9. Mai: Berliner Erstaufführung des »Rings« durch das Ensemble Angelo Neumanns in Gegenwart Richard Wagners.
11. Mai: Von Berlin kommend, trifft Wagner mit dem Grafen Gobineau in Bayreuth zusammen. Gobineau verbringt fast vier Wochen in Wahnfried.
24. Mai: Richard und Cosima Wagner reisen zusammen mit den Kindern und Joukovsky nach Berlin zur vierten Aufführung des »Rings«.
29. Mai: Abschluß des »Rings« mit einer Aufführung der »Götterdämmerung« in Anwesenheit Kaiser Wilhelms I.
31. Mai: Zurück in Bayreuth. Einige Tage später reist Gobineau ab.
6. Juni bis 20. Oktober: Die Partitur von »Parsifal« II entsteht.
Juni: Karl Brandt kommt für sieben Wochen nach Bayreuth zur technischen Einrichtung des »Parsifal«. Bülow veranstaltet Konzerte zugunsten Bayreuths.
26. Juni: Hermann Levi trifft in Bayreuth ein und wohnt in Haus Wahnfried.
29. Juni: Wagner erhält einen anonymen Brief, der Levi bezichtigt, er habe ein Verhältnis mit Cosima Wagner, und in dem Wagner aufgefordert wird, er solle sein Werk »rein erhalten und es nicht von einem Juden dirigieren lassen«. Wagner zeigt den Brief Levi, um (nach Glasenapp) »auch nicht die leiseste Erinnerung« an diesen Brief in sich zu behalten. Trotzdem reist Levi am nächsten Tage ab.
30. Juni: Wagner ruft Levi telegrafisch aus Bamberg zurück. Levi bittet nochmals um Enthebung von seinem Amt.
1. Juli: Wagner richtet daraufhin einen Brief an Levi, der endet: »Um Gottes Willen, kehren Sie sogleich um und lernen Sie uns endlich ordentlich kennen! Verlieren Sie nichts von Ihrem Glauben, aber gewinnen Sie auch einen starken Mut dazu! Vielleicht – gibt's eine große Wendung für Ihr Leben – für alle Fälle aber – sind Sie mein Parsifal-Dirigent!« Daraufhin Beilegung des Zwischenfalls.
Juli: Cosima Wagner trifft sich zwei Tage mit Bülow in Nürnberg wegen der Adoption der Bülowschen Kinder.
23. August bis 4. September: Wagner schreibt »Heldentum

und Christentum«, Ausführungen zu »Religion und Kunst« 2. Teil. Darin Entwicklung eines Heilsgedankens, der dem »Verfall des Menschengeschlechts«, wie ihn Gobineau im »Essai sur l'inégalité des races humaines« richtig dargestellt habe, entgegenwirken soll.

5.–14. September: Richard und Cosima Wagner reisen mit den Kindern Eva und Siegfried nach Dresden und Leipzig, u.a. zu Besprechungen mit Angelo Neumann.

22. September bis 9. Oktober: Liszt bei Wagner in Bayreuth zu Besuch.

26. September: Judith Gautier Gast in Wahnfried.

25. Oktober: Pablo Picasso in Malaga geboren.

1.–3. November: Wagner, in Begleitung von Familie und Freunden, über München, Bozen und Verona nach Neapel.

4.–5. November: Mit dem Schiff nach Palermo. Wagner wohnt im »Hotel des Palmes«.

8. November: Wagner beginnt in Palermo mit der Partitur von »Parsifal« III. Joseph Rubinstein fertigt einen Klavierauszug von »Parsifal« an, der am 25. April 1882 erscheint.

Dezember: Wagner leidet an Unterleibsschmerzen. Die Partitur-Arbeiten werden abgebrochen.

27. Dezember: Karl Brandt stirbt in Darmstadt. Seinem Sohn Fritz fällt die Aufgabe der technischen Leitung in Bayreuth zu.

– Wagners häufige Brustkrämpfe werden von den Ärzten nicht als Herzerkrankung erkannt. Pläne, das Bayreuther Festspielhaus durch einen zweistöckigen Vorbau mit Foyer und Balkon zu erweitern. Durch die Lamoureux-Konzerte wachsender Einfluß Wagnerscher Musik auf das französische Musikleben. Nietzsche: »Morgenröte«. Ibsen: »Gespenster«. Zola: »Le naturalisme au théâtre«. Wilhelm Leibl: »Drei Frauen in der Kirche«. Max Liebermann: »Schusterwerkstatt«. Das erste Ortsfernsprechnetz wird in Berlin eröffnet.

1882

13. Januar: Wagner beendet die Arbeit an der Partitur des »Parsifal«. Schott zahlt für das fertige Werk kurze Zeit darauf ein Honorar von 100 000 Mark.

15. Januar: Auguste Renoir fertigt in Palermo eine Porträtskizze von Wagner an, die er später als farbiges Porträt ausführt.
Anfang Februar: Wagner bezieht die an der Piazza dei Porazzi gelegene Villa des Fürsten Gangi.
2. März: Abrundung einer früheren melodischen Erfindung aus der Zeit von »Tristan« II zum »Porazzi-Thema«.
20. März: Nach Acireale, in Begleitung des mit Blandine verlobten sizilianischen Grafen Gravina.
Frühjahr: In Bayreuth wird die Vorbau-Erweiterung des Festspielhauses, der sogenannte Königsbau, fertiggestellt.
13. April: Nach erneuten Herzanfällen reist Wagner über Catania, Giarre, Riposto und Taormina und trifft in Messina ein.
13. April: Hermann Levi an seinen Vater: »Er ist der beste und edelste Mensch. Daß ihn die Mitwelt mißversteht und verleumdet, ist natürlich; es pflegt die Welt das Strahlende zu schwärzen; Goethe ist es auch nicht besser ergangen. Aber die Nachwelt wird einst erkennen, daß W. ein ebenso großer Mensch als Künstler war, wie dies jetzt schon die ihm Nahestehenden wissen. Auch sein Kampf gegen das, was er ›Judentum‹ in der Musik und in der modernen Literatur nennt, entspringt den edelsten Motiven, und daß er kein kleinliches Risches hegt, wie etwa ein Landjunker oder ein protestantischer Mucker, beweist sein Verhalten zu mir, zu Joseph Rubinstein und seine frühere intime Beziehung zu Tausig, den er zärtlich geliebt hat.«
14. April: Wagner trifft in Neapel ein.
15.–29. April: Aufenthalt in Venedig.
bis 18. April: Reinschrift des »Porazzi-Themas«.
30. April bis 1. Mai: Über München und Nürnberg nach Bayreuth.
5. Mai: Die erste Londoner Gesamtaufführung des »Rings« beginnt mit »Rheingold«.
11. Mai bis 17. Juni: Gobineau ist erneut Gast in Wahnfried. Gespräche mit Wagner. Beide krank und hinfällig.
22. Mai: Humperdinck läßt zu Wagners Geburtstag einen Knabenchor von der Galerie des Hauses Wahnfried herab aus »Parsifal« I singen.
28. Mai: Gründung der Stipendienstiftung für Unbemittelte auf Anregung Wagners.

14. **Juni:** Hermann Levi trifft zu ersten Vorbereitungen der »Parsifal«-Uraufführung in Bayreuth ein und ist täglich Gast in Wahnfried. Abends Vorlesungen Wagners.
16. **Juni:** In einem Offenen Schreiben an Friedrich Schön in Worms bezeichnet es Wagner als wichtigste Aufgabe eines neuzubildenden Patronats, »die Mittel zu beschaffen, um gänzlich freien Zutritt, ja nötigen Falles die Kosten der Reise und des fremden Aufenthaltes solchen zu gewähren, denen mit der Dürftigkeit das Los der meisten und oft Tüchtigsten unter Germaniens Söhnen zugefallen ist«.
17. **Juni:** Igor Strawinsky in Oranienbaum bei Petersburg geboren.
2. **Juli:** Beginn der »Parsifal«-Proben in Bayreuth unter Levi und Fischer, von Heinrich Porges und Julius Kniese mit allen Bemerkungen Wagners in Klavierauszügen protokolliert.
15. **Juli bis 5. August:** Liszt in Bayreuth. Im Juli trifft auch Bruckner ein. Wagner verspricht ihm, später seine Symphonien in Bayreuth aufzuführen.
24. **Juli:** Erste Generalprobe zu »Parsifal«. Cosima: »Im ersten Akt findet R. die Tempi ziemlich viel geschleppt ... zu mir macht er die Bemerkung, er möchte nicht als Orchestermitglied von einem Juden dirigiert werden« (TC). Anton Bruckner und Richard Strauss in Bayreuth.
25. **Juli:** Auf einem Bankett für die Mitwirkenden im Festspiel-Restaurant huldigt Wagner erneut Liszt als seinem Förderer.
26. **Juli:** Eröffnung der zweiten Bayreuther Festspiele mit der Uraufführung von »Parsifal. Ein Bühnenweihfestspiel«. Dirigent: Hermann Levi. Parsifal: Hermann Winkelmann. Klingsor: Karl Hill. Kundry: Amalie Materna. Gurnemanz: Emil Scaria. Amfortas: Theodor Reichmann. Titurel: August Kindermann. Bühnenbild: Gebrüder Brückner nach Entwürfen von Paul von Joukovsky. Solorepetitoren und musikalische Assistenz: Humperdinck, Porges, Kniese und Frank. Musiker aus Berlin, Coburg, Darmstadt, Dessau, Hannover, Karlsruhe, Meiningen, München, Rotterdam, Schwerin, Weimar, Wien, Würzburg. Nach der Vorstellung Tafel im Hotel »Fantaisie«. Angelo Neumann schreibt über den Abend: »und welch ein Zufall, einer der leidenschaftlichsten publizistischen Gegner des Bayreuther Meisters, der trotz aller Wandlungen es bis an sein Lebensende geblieben ist: Eduard

Hanslick war mein Tischnachbar. Der gefürchtete Wiener Kritiker war unter dem unmittelbar mächtigen Eindruck des Parsifal auffallend schweigsam und um vieles nachsichtiger geworden.«

28. Juli bis 29. August: Fünfzehn weitere Vorstellungen des »Parsifal« unter Hermann Levi und Franz Fischer; als Gurnemanz alternierend Gustav Siehr, als Klingsor Anton Fuchs, als Parsifal Heinrich Gudehus und Ferdinand Jäger, als Kundry Marianne Brandt und Therese Malten. Während der Festspiele erleidet Wagner eine schwere Herzattacke. Unter den Besuchern der Festspiele sind Franz Liszt, Anton Bruckner, Leo Delibes, Camille Saint-Saëns, Elisabeth Nietzsche, Lou von Salomé, Malvida von Meysenbug und der junge Gustav Mahler, der ein Jahr später schreibt: »Als ich, keines Wortes fähig, aus dem Festspielhaus hinaustrat, da wußte ich, daß mir das Größte, Schmerzlichste aufgegangen war, und daß ich es unentweiht mit mir durch mein Leben tragen werde.« Ludwig II. bleibt den Festspielen fern.

24. August: Wagner an Ludwig II.: »Verschmähtest du des Grales Labe, / sie war mein alles dir zur Gabe. / Sei nun der Arme nicht verachtet, / der dir nur gönnen, nicht mehr geben kann.«

24.–30. August: Liszt wieder in Bayreuth.

25. August: Ziviltrauung des Grafen Biagio Gravina mit der Tochter Cosimas, Blandine von Bülow, in Villa Wahnfried.

29. August: Unbemerkt von den Zuhörern dirigiert Wagner die letzte Aufführung von »Parsifal«, beginnend mit dem 23. Takt der Verwandlungsmusik des III. Akts, zu Ende. Hermann Levi steht neben ihm und berichtet zwei Tage später seinem Vater: »Am Schlusse des Werkes brach im Publikum ein Jubel los, der jeder Beschreibung spottet. Aber der Meister zeigte sich nicht, blieb immer unter uns Musikanten sitzen, machte schlechte Witze, und als nach 10 Minuten der Lärm im Publikum noch immer nicht aufhören wollte, schrie ich aus Leibeskräften: Ruhe! Ruhe! Das wurde oben gehört, man beruhigte sich wirklich, und nun fing der Meister (immer vom Pulte aus) an, zu reden, erst zu mir und dem Orchester, dann wurde der Vorhang aufgezogen, und das ganze Sänger- und technische Personal war oben versammelt, der Meister sprach mit einer Herzlichkeit, daß alles zu weinen anfing – es war ein unvergeßlicher Moment!«

14. September: Nach beängstigenden Herzanfällen verläßt Wagner, begleitet von seiner Familie und Joukovsky, Bayreuth.
16. September: Von Verona kommend, trifft Wagner in Venedig ein und wohnt zwei Tage im »Hotel Europa«.
18. September: Wagner bezieht mit seiner Familie den zweiten Stock des Palazzo Vendramin am Canal Grande.
13. Oktober: Gobineau stirbt in Turin.
15. Oktober: Heinrich von Stein verabschiedet sich von Wagner, um sich in Halle zu habilitieren.
1. November: Wagner beendet den Aufsatz »Das Bühnenweihfestspiel in Bayreuth«. Er beklagt darin die Schwierigkeiten mit den Wandeldekorationen und die Unterbrechung der Szene durch Schließung des Vorhangs. Außerdem heißt es: »Wer kann ein Leben lang mit offenen Sinnen und freiem Herzen in diese Welt des durch Lug, Trug und Heuchelei organisierten und legalisierten Mordes und Raubes blicken, ohne zu Zeiten mit schaudervollem Ekel sich von ihr abwenden zu müssen? Wohin trifft dann sein Blick? Gar oft wohl in die Tiefe des Todes.« Auch der »Parsifal« verdanke seine Entstehung der Flucht vor der Welt.
7. November: Otto Gumprecht spricht in der »National-Zeitung« vom »Wagnerfieber« als einer »geistigen Epidemie«.
vor dem 13. November: Hermann Levi in Venedig bei Wagner, »wie berauscht von Glückseligkeit« (an den Vater).
18. November: Wagner schreibt Ludwig II. über seine Absicht, »nach und nach alle meine Werke in unserem Bühnenfestspielhause in der Weise aufzuführen, daß diese Aufführungen als Muster der Korrektheit meiner nächsten Nachwelt überliefert werden können«.
19. November: Liszt trifft in Venedig ein und ist Wagners Gast. Liszt komponiert das Klavierstück »La Lugubre Gondola«. Wagner und Liszt sprechen über eine neue Vorstellung einsätziger Symphonien, die Wagner zu komponieren beabsichtigt.
Ende des Jahres: Wagner bekundet seine Absicht, den »Tannhäuser« zu überarbeiten und in eine endgültige Form zu bringen. Er ist reizbar, unbeherrscht und zuweilen von Herzattacken gequält. Er liest »Die fröhliche Wissenschaft« von Nietzsche und »Buddha« von Hermann Oldenberg. Gedanken an »Die Sieger«.

24. Dezember: Wagner führt mit einem Schülerorchester im Teatro la Fenice seine vor einem halben Jahrhundert entstandene Symphonie in C-dur auf. Liszt spielt zu Ehren seiner Tochter Klavier. Bei der Hauptprobe am Vortag hat Wagner Herzkrämpfe.
Silvester: Bericht über die Wiederaufführung der Jugend-Symphonie, mit Erinnerungen an Leipzig, für den Herausgeber des »Musikalischen Wochenblattes«.

– Angelo Neumanns wanderndes Wagner-Theater. Paul Heyse: »Grenzen der Menschheit«. Gebrüder Hart: »Kritische Waffengänge«. Theodor Fontane: »L'Adultera«.

1883

13. Januar: Franz Liszt verläßt Venedig.
22. Januar: »Abends Plauderei, welche Richard mit dem Hirtengesang und dem Pilgerchor beschließt. Er sagt, er sei der Welt noch den Tannhäuser schuldig« (TC).
31. Januar: Offener Brief als Einführung zu Heinrich von Steins Buch »Helden und Welt. Dramatische Bilder«.
4. Februar: Hermann Levi trifft in Venedig ein, wohnt bei Joukovsky und verbringt die Tage in Wagners Gesellschaft.
6. Februar: Wagner mit Levi, Joukovsky und den Töchtern Isolde, Daniela und Eva bis nachts im venezianischen Faschingstreiben. Am nächsten Tag schweres Unwohlsein.
9. Februar: Levi, der leicht erkrankt, wird in Wagners Auftrag von einer Gondel in den Palazzo Vendramin gebracht, wo er bis zu seiner Abreise wohnt.
11. Februar: Wagner beginnt mit der Niederschrift des Fragment bleibenden Aufsatzes »Über das Weibliche im Menschlichen«, möglicherweise mit einer bevorstehenden, entscheidenden Wandlung seines Denkens (»Die Sieger«): über Ehe, Einehe, Treue – »Macht des Menschen über die Natur«, der Mensch »über das natürliche Gattungsgesetz erhoben«.
12. Februar: Levi nimmt mittags »sehr bewegt« Abschied. Nur Joukovsky bleibt in Venedig. Abends liest Wagner in seiner Gegenwart aus Fouqués Märchen »Undine« vor, Joukovsky porträtiert ihn dabei. Wagner spielt das »Porazzi-

Thema« und den Schlußgesang der Rheintöchter aus »Rheingold«.
13. Februar: Wagner läßt sich beim Mittagstisch entschuldigen. Im Arbeitszimmer schreibt Wagner an dem Aufsatz »Über das Weibliche im Menschlichen«. Nach den letzten Notizen: »Gleichwohl geht der Prozeß der Emanzipation des Weibes nur unter ekstatischen Zuckungen vor sich. Liebe – Tragik«, erleidet er einen Herzanfall. Gegen 15.30 Uhr Tod in Cosimas Armen.
14. Februar: Der Bildhauer Augusto Benvenuti nimmt Wagners Totenmaske ab.
16. Februar: Überführung. In Venedig angeblich d'Annunzio hinter dem Sarg. Über München nach Bayreuth. Trauerkondukt durch die Stadt. Die zwölf Sargbegleiter: Muncker, Feustel, Groß, Wolzogen, Joukovsky, Seidl, Wilhelmj, Porges, Levi, Richter, Standhartner und Niemann.
18. Februar: Beisetzung im Garten von Haus Wahnfried.

– Karl Marx stirbt am 14. März in London. Franz Kafka am 3. Juli in Prag geboren. Dritte Bayreuther Festspiele mit »Parsifal« im Juli. Anton von Webern am 3. Dezember in Wien geboren. Nietzsche: »Also sprach Zarathustra« 1. und 2. Teil. Bruckner: 7. Symphonie. Brahms: 3. Symphonie. August Bebel: »Die Frau und der Sozialismus«. Theodor Fontane: »Schach von Wuthenow«. Daimler erhält das Patent für den Verbrennungsmotor. Beginn der Sozialversicherungs-Gesetzgebung.

Bibliographie

1. *Richard Wagner.* Sämtliche Werke. In Zusammenarbeit mit der Bayerischen Akademie der Schönen Künste, München. Hrsg. von Carl Dahlhaus. 1970 ff.; Bd. 30. Dokumente zur Entstehung und ersten Aufführung des Bühnenweihfestspiels Parsifal. Hrsg. von Martin Geck und Egon Voss. Mainz 1970
2. – Mein Leben. Vollständiger Text unter Zugrundelegung der im R.-W.-Archiv Bayreuth aufbewahrten Diktatniederschrift. Ergänzt durch R.W.s Annalen 1864 bis 1868 und eine Zeittafel für die Jahre 1869 bis 1883. Vorgelegt und mit einem Nachwort von Martin Gregor-Dellin. München 1963
3. – Gesammelte Schriften und Dichtungen. 12 Bde. Leipzig 1911
4. – Gesammelte Schriften und Dichtungen. Hrsg. von Wolfgang Golther, 10 Bde. Berlin 1914
5. – Gesammelte Schriften. Hrsg. von Julius Kapp. 14 Bde. Leipzig 1914
6. – Sämtliche Schriften und Dichtungen. Volksausgabe in 12 Bdn. Leipzig o. J.
7. – Nachgelassene Schriften und Dichtungen. Leipzig 1902
8. – Sämtliche Briefe. Hrsg. im Auftrag des R.-W.-Familien-Archivs Bayreuth von Gertrud Strobel und Werner Wolf. Voraussichtlich 15 Bde. 1967 ff.; Bd. I Briefe der Jahre 1830 bis 1842. Leipzig 1967; Bd. II Briefe der Jahre 1842–1849. Leipzig 1970
9. – Briefe. Die Sammlung Burrell. Hrsg. von John N. Burk. Frankfurt am Main 1953
10. – Gesammelte Briefe. Hrsg. von Julius Kapp und Emerich Kastner. 2 Bde. Leipzig 1914
11. – Briefe in Originalausgaben. 17 Bde. Leipzig 1912
12. – Briefe. Ausgewählt und erläutert von Wilhelm Altmann. 2 Bde. Leipzig 1925
13. – Briefe nach Zeitfolge und Inhalt. Hrsg. von Wilhelm Altmann. Leipzig 1905
14. – König Ludwig II. und R. W. Briefwechsel. Bearbeitet von Otto Strobel. 5 Bde. Karlsruhe 1936–1939
15. – Sein Leben in Briefen. Hrsg. von Carl Siegmund Benedict. Leipzig 1913
16. – Leben und Werke in urkundlichen Zeugnissen, Briefen, Schriften und Berichten. Hrsg. von Wolfgang Golther. Ebenhausen 1926
17. – Briefe an Hans von Bülow. Jena 1916
18. – Briefwechsel mit Franz Liszt. 2 Bde. Leipzig 1887

19. – Briefwechsel zwischen W. und Liszt. Leipzig 1910
20. – Briefe an Theodor Uhlig, Wilhelm Fischer, Ferdinand Heine. Leipzig 1888
21. – Die Briefe R. W.s an Judith Gautier. Hrsg. von Willi Schuh. Zürich und Leipzig 1936
22. – Briefe an eine Putzmacherin. Hrsg. von Daniel Spitzer. Wien 1906
23. – Familienbriefe von R. W. 1832–1874. Berlin 1907
24. – Neun unveröffentlichte Briefe W.s an Malvida von Meysenbug. Hrsg. von Adolf Zinsstag. Basel o. J.
25. – Fünf ungedruckte Briefe W.s an Meyerbeer. Hrsg. von Georg Kinsky. In: Schweizerische Musikzeitung, 15. Nov. Zürich 1934
26. – Briefe R. W.s an Otto Wesendonk. Berlin 1905
27. – Briefe an Mathilde Wesendonk. Hrsg. von Wolfgang Golther. Leipzig 1912
28. – an Mathilde und Otto Wesendonk. Tagebuchblätter und Briefe. Hrsg. von Julius Kapp. Leipzig 1915
29. – an Mathilde Wesendonk. Tagebuchblätter und Briefe 1853–1871. Hrsg. von Wolfgang Golther. Berlin 1904
30. – an Theodor Apel. Leipzig 1910
31. – an Minna Wagner. 2 Bde. Berlin und Leipzig 1908
32. – an Mathilde Maier. 1862–1878. Hrsg. von Hans Scholz. Leipzig 1930
33. – an Frau Julie Ritter. Hrsg. von Siegmund von Hausegger. München 1920
34. – an August Röckel. Leipzig 1912
35. – an Emil Heckel. Hrsg. von Karl Heckel. Berlin 1899
36. – an Hans Richter. Hrsg. von Ludwig Karpath. Berlin, Wien und Leipzig 1924
37. – an Ferdinand Praeger. Hrsg. von Houston Stewart Chamberlain, Berlin und Leipzig 1908
38. – an seine Künstler. Hrsg. von Erich Kloss. Berlin und Leipzig 1908
39. – an Freunde und Zeitgenossen. Hrsg. von Erich Kloss. Berlin und Leipzig 1909
40. – und Albert Niemann. Hrsg. von Wilhelm Altmann. Berlin 1924
41. – und Judith Gautier. Neue Dokumente. Hrsg. von Willi Schuh. In: Schweizerische Musikzeitung Nr. 3, Zürich 1963
42. – The Letters of R. W. to Anton Pusinelli. Translated and edited with critical notes by Elbert Lenrow. New York 1932
43. – Lettres françaises, recueillies et présentées par Julien Tiersot. Paris 1935

44. *Richard et Cosima Wagner.* Lettres à Judith Gautier. Présentées par Lon Guichard. Paris 1964
45. *Cosima Wagner.* Briefe an Ludwig Schemann. Hrsg. von Bertha Schemann. Regensburg 1937
46. – Briefe an ihre Tochter Daniela von Bülow. 1866–1885. Nebst 5 Briefen R. W.s. Hrsg. von Max Freiherr von Waldberg. Stuttgart und Berlin 1933
47. – Die Briefe C. W.s an Friedrich Nietzsche. Hrsg. von Erhart Thierbach. 2 Bde. Weimar 1938 und 1940
48. – Briefwechsel zwischen C. W. und Fürst Ernst zu Hohenlohe-Langenburg. Stuttgart 1937
49. *Theodor W. Adorno.* Versuch über Wagner. Frankfurt am Main 1952
50. *Charles Andler.* Nietzsche, sa vie et sa pensée. Paris 1921
51. *Konstantin von Arnswaldt.* Ahnentafel des Komponisten Richard Wagner. Leipzig 1930
52. *J. Baechtold und E. Ermatinger.* Gottfried Kellers Leben, Briefe und Tagebücher. 2 Bde. Stuttgart und Berlin 1924
53. *Charles Baudelaire.* Ausgewählte Werke. 3 Bde. Kritische und nachgelassene Schriften. München 1925
54. *Bayreuther Blätter.* Hrsg. von Hans von Wolzogen. Chemnitz und Bayreuth 1878–1938
55. *Bayreuther Festspielführer.* Bayreuth 1901–1939
56. *Bayreuth.* Jahreshefte. Hrsg. von der Festspielleitung. Bayreuth 1954–1972
57. *Bayreuther Festspiele.* Programmhefte. Hrsg. von der Festspielleitung. Bayreuth 1951–1972
58. *Marcel Beaufils.* Wagner et le wagnérisme. Paris 1947
59. *Heinz Becker.* Giacomo Meyerbeer. In: Year Book of the Leo Baeck Institute. London 1964
60. *Paul Becker.* Richard Wagner. Das Leben im Werke. Stuttgart 1924
61. *Joachim Bergfeld.* Drei Briefe Nietzsches an Cosima Wagner. In: Maske und Kothurn. Heft 3/4. 1964
62. *Hector Berlioz.* Memoiren. München 1914
63. *Johannes Bertram.* Mythos, Symbol, Idee in Richard Wagners Musik-Dramen. Hamburg 1957
64. *Bibliographie Wagnérienne Française* 1851–1902. Par Henri Silège. Paris 1902
65. *Internationale Wagner-Bibliographie* 1945–1955. Hrsg. von Herbert Barth. Bayreuth 1956
66. *Internationale Wagner-Bibliographie* 1956–1960 und *Die Besetzung der Bayreuther Festspiele* 1876–1960. Hrsg. von Henrik Barth und Käte Neupert. Bayreuth 1961

67. *Internationale Wagner-Bibliographie* 1961–1966. Hrsg. von Henrik Barth. Bayreuth 1968
68. *Gottfried von Böhm.* Ludwig II. König von Bayern. Sein Leben und seine Zeit. Berlin 1922
69. *Maurice Boucher.* Les Idées politiques de Richard Wagner. Exemple de nationalisme mythique. Paris 1948
70. *Otto Bournot.* L. H. Chr. Geyer, der Stiefvater Richard Wagners. Leipzig 1913
71. *Anton Bruckner.* Gesammelte Briefe. Neue Folge. Regensburg 1924
72. *Hans von Bülow.* Briefe. 7 Bde. Leipzig 1899–1908
73. – Neue Briefe. Hrsg. und eingeleitet von Richard Graf Du Moulin Eckart. München 1927
74. *Marie von Bülow.* Hans von Bülows Leben, dargestellt aus seinen Briefen. Leipzig 1921
75. *Richard Bürkner.* Richard Wagner. Sein Leben und seine Werke. Jena 1906
76. *Mary Burrell.* Richard Wagner, his life and his works from 1813 to 34. London 1898
77. *Peter Cornelius.* Ausgewählte Briefe. 2 Bde. Leipzig 1904 und 1905
78. *Henri de Curzon.* L'oeuvre de Richard Wagner à Paris et ses interprètes (1850–1914). Paris 1920
79. *Carl Dahlhaus.* Richard Wagners Musikdramen. Velber 1971
80. *Otto Daube.* ›Ich schreibe keine Symphonien mehr‹. Richard Wagners Lehrjahre nach den erhaltenen Dokumenten. Köln 1960
81. *Eduard Devrient.* Aus seinen Tagebüchern. 2 Bde. Weimar 1964
82. *Hugo Dinger.* Richard Wagners geistige Entwicklung. Leipzig 1892
83. *Heinrich Dorn.* Aus meinem Leben. 3 Bde. 1870–1872
84. *Christian von Ehrenfels.* Richard Wagner und seine Apostaten. Wien und Leipzig 1913
85. *Ashton Ellis.* Life of Wagner. 6 Bde. London 1906–1908
86. *Max Fehr.* Richard Wagners Schweizer Zeit. 2 Bde. Aarau 1934 und 1953
87. *Karl Richard Ganzer.* Richard Wagner der Revolutionär gegen das 19. Jahrhundert. München 1934
88. *Judith Gautier.* Après de Richard Wagner. Souvenirs 1861 bis 1882. Paris 1943
89. *Carl Friedrich Glasenapp.* Das Leben Richard Wagners. 6 Bde. Leipzig 1894–1911
90. *Martin Gregor-Dellin.* Das kleine Wagner-Buch. Salzburg 1969
91. – Hoffnungen und Enttäuschungen Wagners von der Revo-

lution bis zum Kaiserreich. In: Bayreuther Festspiele. Programmheft Parsifal. Bayreuth 1971
92. – *Richard Wagner.* Sein Leben, sein Werk, sein Jahrhundert. München 1980
93. *Richard Hamann / Jost Hermand.* Epochen deutscher Kultur von 1870 bis zur Gegenwart. Bd. 1 Gründerzeit. München 1971; Bd. 2 Naturalismus. München 1972
94. *Karl Heckel.* Die Bühnenfestspiele in Bayreuth. Leipzig 1891
95. *Friedrich Herzfeld.* Königsfreundschaft. Ludwig II. und Richard Wagner. Leipzig 1939
96. – Minna Planer und ihre Ehe mit Richard Wagner. Leipzig 1938
97. *Julius Hey.* Richard Wagner als Vortragsmeister. Leipzig 1911
98. *Kurt Hildebrandt.* Wagner und Nietzsche, ihr Kampf gegen das 19. Jahrhundert. Breslau 1924
99. *Leopold Hirschberg.* Der Taschengoedeke. Bibliographie deutscher Erstausgaben. 2 Bde. München 1970
100. *Marie Fürstin zu Hohenlohe.* Erinnerungen an Richard Wagner. Weimar 1938
101. *Hundert Jahre Tristan.* Hrsg. von Wieland Wagner. Emsdetten 1965
102. *Kurt Jäckel.* Richard Wagner in der französischen Literatur. 2 Bde. Breslau 1931–1932
103. *Adolphe Jullien.* Richard Wagner, sa vie et ses oeuvres. Paris 1886
104. *Ludwig Karpath.* Begegnung mit dem Genius. Wien 1934
105. *Julius Kapp.* Richard Wagner. Eine Biographie. Berlin 1913
106. – Wagner und Liszt. Eine Freundschaft. Berlin 1908
107. – Richard Wagner und die Frauen. Berlin 1912
108. – Richard Wagner und die Berliner Oper. Berlin 1933
109. *Erich Kloss.* Wagnertum in Vergangenheit und Gegenwart. Berlin 1909
110. *Max Koch.* Richard Wagner. 3 Bde. Berlin 1907–1918
111. *Zdenko von Kraft.* Das Festspielhaus in Bayreuth. Zur Geschichte seiner Idee, seines Werdegangs und seiner Vollendung. Bayreuth 1969
112. *Eberhard Kretschmar.* Richard Wagner. Sein Leben in Selbstzeugnissen, Briefen und Berichten. Berlin 1939
113. *Ernst Kurth.* Romantische Harmonik und ihre Krise in Wagners ›Tristan‹. Bern und Leipzig 1920
114. *Walter Lange.* Richard Wagner und seine Vaterstadt. Leipzig 1921
115. – Richard Wagners Sippe. Vom Urahn zum Enkel. Leipzig 1938

116. *Hans Lebede.* Richard Wagners Musikdramen. Quellen, Entstehung, Aufbau. Eine Einführung. 2 Bde. Dresden 1916
117. *G. Leprince.* Présence de Wagner. Paris 1963
118. *Maxime Leroy.* Les premiers amis français de Wagner. Paris 1925
119. *Henri Lichtenberger.* Richard Wagner, poète et penseur. Paris 1898
120. *Woldemar Lippert.* Richard Wagners Verbannung und Rückkehr 1849–1862. Dresden 1927
121. *Franz Liszt.* Briefe. Gesammelt und hrsg. von La Mara. 2 Bde. Leipzig 1909
122. *Paul Arthur Loos.* Richard Wagner. Vollendung und Tragik der deutschen Romantik. Bern und München 1952
123. *Alfred Lorenz.* Das Geheimnis der Form bei Richard Wagner. 4 Bde. Berlin 1924–1933
124. *Rudolf Louis.* Die Weltanschauung Richard Wagners. Leipzig 1898
125. *Henry Malherbe.* Richard Wagner révolutionnaire. Paris 1938
126. *Thomas Mann.* Gesammelte Werke in zwölf Bänden. Frankfurt am Main 1960
127. – Wagner und unsere Zeit. Aufsätze, Betrachtungen, Briefe. Hrsg. von Erika Mann. Frankfurt am Main 1963
128. *Ludwig Marcuse.* Das denkwürdige Leben des Richard Wagner. München 1963
129. *Marx-Chronik.* Daten zu Leben und Werk. Zusammengestellt von Maximilian Rubel. München 1968
130. *Hans Mayer.* Richard Wagner in Selbstzeugnissen und Bilddokumenten. Reinbek bei Hamburg 1959
131. – Richard Wagners geistige Entwicklung. Düsseldorf und Hamburg 1954
132. *Catulle Mendès.* Richard Wagner. Paris 1886
133. *Max Millenkovich-Morold.* Cosima Wagner. Ein Lebensbild. Leipzig 1937
134. – Richard Wagner in Wien. Leipzig 1938
135. *Max Moser.* Richard Wagner in der englischen Literatur des 19. Jahrhunderts. Bern 1938
136. *Richard Graf du Moulin Eckart.* Cosima Wagner. Ein Lebens- und Charakterbild. 2 Bde. München 1929 und 1931
137. *Georg Hermann Müller.* Richard Wagner in der Mai-Revolution 1849. Dresden 1919
138. *Friedrich Nietzsche.* Werke in drei Bänden und einem Indexband. Hrsg. von Karl Schlechta. München 1954
139. *Angelo Neumann.* Erinnerungen an Richard Wagner. Leipzig 1907
140. *Ernest Newman.* The Life of Richard Wagner. 4 Bde. New York 1933–1946

141. – Wagner as Man and Artist. New York 1924
142. – Fact and Fiction about Wagner. London 1931
143. *Nikolaus Oesterlein.* Katalog einer Wagner-Bibliothek. 4 Bde. Leipzig 1882–1895
144. *Erich F. Podach.* Friedrich Nietzsche und Lou Salomé. Ihre Begegnung 1882. Zürich und Leipzig 1937
145. – Nietzsches Werke des Zusammenbruchs. Heidelberg 1961
146. *Heinrich Porges.* Die Bühnenproben zu den Bayreuther Festspielen des Jahres 1876. Leipzig 1896
147. *Friedrich Poske.* Richard Wagner und die deutsche Kultur. Berlin 1888
148. *Guy de Pourtalès.* Wagner, histoire d'un artiste. Paris 1932
149. *Erich Roeder.* Felix Draeseke. Der Lebens- und Leidensweg eines deutschen Meisters. Dresden 1931
150. *August Röckel.* Sachsens Erhebung und Das Zuchthaus zu Waldheim. Frankfurt 1865
151. *Sebastian Röckl.* Ludwig II. und Richard Wagner. 2 Bde. München 1913 und 1920
152. *Siegfried Scheffler.* Richard Wagner. Sein Leben, seine Persönlichkeit und seine Werke. 2 Bde. Hamburg 1928
153. *Ludwig Schemann.* Richard Wagner in seinen künstlerischen Bestrebungen und seiner Bedeutung für eine nationale Kultur. Wolfenbüttel 1878
154. – Meine Erinnerungen an Richard Wagner. Stuttgart 1902
155. *Winfried Schüler.* Der Bayreuther Kreis von seiner Entstehung bis zum Ausgang der wilhelminischen Ära. Wagnerkult und Kulturreform im Geiste völkischer Weltanschauung. Münster 1971
156. *Robert Schumann.* Gesammelte Schriften über Musik und Musiker. 4 Bde. Leipzig 1854
157. *Edouard Schuré.* Erinnerungen an Richard Wagner. Leipzig 1900
158. *Eugen Segnitz.* Richard Wagner und Leipzig. Leipzig 1901
159. *Bernard Shaw.* The Perfect Wagnerite. In: The Works. Standard Edition. Bd. 6. London 1948
160. *Geoffrey Skelton.* Wagner at Bayreuth. London 1965
161. *Eduard Stempflinger.* Richard Wagner in München 1864–70. Legende und Wirklichkeit. München 1933
162. *Ludwig Strecker.* Wagner als Verlagsgefährte. Mainz 1951
163. *Otto Strobel.* Richard Wagner. Leben und Schaffen. Eine Zeittafel. Bayreuth 1952
164. – Richard Wagner über sein Schaffen. München 1924
165. – Skizzen und Entwürfe zur Ring-Dichtung. München 1930
166. – Zur Entstehungsgeschichte der Götterdämmerung. In: Die Musik, 25. Febr. Berlin 1933

167. – Neue Wagner-Forschungen. Veröffentlichungen der Richard-Wagner-Forschungsstätte Bayreuth. Karlsruhe 1943
168. *Wilhelm Tappert.* Richard Wagner im Spiegel der Kritik. Leipzig 1903
169. *Richard-Wagner-Jahrbuch.* Hrsg. von J. Kürschner. Stuttgart 1886
170. – Hrsg. von Ludwig Frankenstein. 5 Bde. Berlin 1906–1913
171. *Richard Wagner und Das Neue Bayreuth.* Hrsg. von Wieland Wagner. München 1962
172. *Wilhelm Waldstein.* Richard Wagner. Eine kulturhistorische Studie. Berlin 1922
173. *Oscar Walzel.* Richard Wagner in seiner Zeit und nach seiner Zeit. München 1913
174 *Wendelin Weissheimer.* Erlebnisse mit Richard Wagner, Franz Liszt, und vielen anderen Zeitgenossen nebst deren Briefen. Stuttgart und Leipzig 1898
175. *Curt von Westernhagen.* Wagner. Zürich 1968
176. – Richard Wagner. Sein Werk, sein Wesen, seine Welt. Zürich 1956
177. – Vom Holländer zum Parsifal. Neue Wagner-Studien. Zürich 1962
178. – Richard Wagners Dresdener Bibliothek 1842–1849. Wiesbaden 1966
179. *Eliza Wille.* Erinnerungen an Richard Wagner. München, Berlin und Zürich 1935
180. – Fünfzehn Briefe von Richard Wagner nebst Erinnerungen und Erläuterungen von E. W., geb. Sloman. Berlin 1894
181. *Hans von Wolzogen.* Richard Wagner, Aussprüche des Meisters aus den Tagebüchern der Meisterin 1874–1883. Nach einer Abschrift Eva Chamberlains für Arturo Toscanini. In: Bayreuther Blätter Jg. 59–61. Bayreuth 1936–1938

Namenregister